Contos e encantos da mediação

Organização por Débora Ferreira Sellan

ADRIANA ALICE ZANOLINI PISAREWSKI MOISÉS ANITA NAOMI OKAMOTO
ANTOIN ABOU KHALIL BARBARA KELCH MONTEIRO CELITA CLEAVER
CLAUDIA DA ROCHA CRUZ SCALABRIN CLAUDIA STEFANINI
CYNTHIA DE ALMEIDA PRADO HERVEY COSTA DÉBORA FERREIRA SELLAN
DANIELLA BOPPRÉ DE ATHAYDE ABRAM DENISE QUAGLIA FARIAS
DANILO MARTINS DOS SANTOS ROMERO DENISE MANZZO
ELISSANDRA DA SILVA NASCIMENTO FERNANDA OLIVEIRA LOVISOTTO
HELEN ENEIDA MASSON DE RESENDE JANDA THIBES LAIS BARROS
LEILA SILVANA CORDEIRO DE ABREU DA ROCHA MARTA ABID ABDALLA
MARIA CELIA SOARES HUNGRIA REGINA ANGELA DO AMARAL
RENATA PEREIRA GOMES SANTOS RUTH JUNGINGER DE ANDRADE

TÍTULO
Contos e encantos da mediação

ORGANIZAÇÃO
Débora Ferreira Sellan

CAPA
Natasha Weissenborn

DIAGRAMAÇÃO & PROJETO GRÁFICO
Natasha Weissenborn

REVISÃO
Vera Ida Brignoli de Freitas

ISBN
978-65-00-05197-1

Sumário

Prefácio

Mônica de Cássia Thomaz Perez Reis Lobo

Foi com muita alegria que recebi o convite da Débora Ferreira Sellan para prefaciar esta obra coletiva de contos, baseada em fatos reais, onde são contadas as histórias de diversas pessoas que passaram nos últimos 6 anos por nosso Centro Judiciário de Solução de Conflitos – CEJUSC do Foro Regional do Butantã, em São Paulo, do qual tenho a honra e o prazer de coordenar desde sua instalação.

A primeira palavra que tenho para externar meus sentimentos é: gratidão.

Gratidão a todos os conciliadores e mediadores que, fazem parte dessa minha equipe desde 2013 até hoje, diuturnamente se dedicam a pacificação social dos conflitos, com a certeza que estamos no caminho correto, o que se confirma com as histórias reais que inspiraram esta obra. São pessoas extremamente generosas em dispor de seu tempo e atenção, voluntariamente para nos ajudar a difundir a cultura da paz.

Todos os contos que fazem parte desta obra coletiva nos mostram o quão importante é a atuação de cada mediador/conciliador.

A descrição precisa dos casos e a riqueza dos detalhes, nos transporta para aquelas sessões, conseguindo visualizar a emoção e o sentimento dos envolvidos.

Lendo estes contos, lembrei-me dos casos reais que os inspiraram, pois as pessoas não imaginam, mas nós juízes, funcionários do Poder Judiciário, mediadores e conciliadores nos empenhamos em solucionar os problemas, ficamos preocupados com os envolvidos, extremamente gratos e recompensados com os acordos e o retorno do diálogo.

A Resolução 125 do Conselho Nacional de Justiça dá início a esta nova perspectiva de resolução de controvérsias e determina a criação dos Centros Judiciários de Solução de Conflitos.

Apesar do conflito ser inerente ao convívio humano e presente em todas as relações sociais, políticas, profissionais, empresariais, familiares etc., o retorno ao diálogo é nossa maior meta, pois os casos não solucionados, constituirão óbices à continuidade das relações.

Nesta obra coletiva vocês terão a oportunidade de vivenciar relacionamento entre casais jovens; mais maduros e até mesmo idosos; pais; filhos e netos. Há outros casos igualmente interessantes, onde não há relacionamento familiar, mas que são objeto de grandes controvérsias que precisam ser solucionadas.

O mais importante hoje é difundirmos a Cultura da Paz, mostrarmos para alunos e estudiosos do direito que há uma grande mudança de paradigmas e que necessitamos nos preparar para o mundo que se descortina a nossa frente.

Os exemplos práticos apresentados nesta obra coletiva serão de grande valia para estes ensinamentos, pois os leitores poderão captar as emoções e os sentimentos dos envolvidos. Não há mais como ficarmos restritos à lide, ao papel, ao processo, mas sim, devemos aparar todas as arestas e dissolver os conflitos.

Com toda certeza, os operadores do direito e também profissionais de diversas áreas terão oportunidade, com essa agradável leitura a entenderem os sentimentos dos homens e das relações humanas.

Apresentação

Débora Ferreira Sellan

O inusitado. Como uma tempestade forte e devastadora, o inusitado chegou e nos obrigou a ficarmos confinados em nossas casas, de onde saímos apenas para atender a necessidades inadiáveis.

Mas situações inusitadas também nos estimulam a sermos criativos. E foi assim que surgiu a ideia de produzir este livro, que é resultado do trabalho conjunto de pessoas heterogêneas, porém com muito em comum: capacitação e empenho para trabalhar na construção de uma cultura de pacificação social.

Com estilo próprio, cada autor escreveu sua história inspirado em casos reais. Em respeito ao princípio da confidencialidade, foram alterados os dados que permitissem a identificação dos envolvidos. É curioso como isso não retira de cada relato a capacidade de espelhar a jornada comum em que estamos inseridos, permitindo que, apesar das diferenças, nos reconheçamos no grupo dos "humanos".

Utilizar a comunicação como principal meio para a desconstrução do conflito, com emprego de técnicas específicas e em permanente processo de depuração é a tarefa de cada especialista em mediação.

Por mais que pareça previsível em dadas circunstâncias, compreender o ser humano é desafio inesgotável. Por isso, cada situação de conflito é uma oportunidade não só de empregar as técnicas previamente aprendidas, mas também de aprender como empregá-las da melhor forma àquele caso específico. Por essa razão, não podemos deixar de agradecer aos que inspiraram as histórias aqui narradas. Agradecemos pela confiança e permissão de fazermos parte de suas vidas, e pelo modo como passaram a fazer parte das nossas. Mesmo que anônimos, dedicamos a eles este trabalho.

O conflito surge espontaneamente, mas a pacificação exige esforço. A despeito disso, ela não só é possível, mas necessária! Que os relatos aqui reunidos possam ter força para demonstrá-lo; que possamos todos transportar para o dia a dia de nossas vidas as habilidades que nos esmeramos em aperfeiçoar em nosso afazer profissional. Que tenhamos em nossas mentes, como um mantra, a lição que, com palavras singelas e seu exemplo de vida, Gandhi nos legou: "Não existe caminho para a paz. A paz é o caminho".

Boa leitura!

Breves Palavras

Helen Eneida Masson de Resende

Honrada com o convite para proferir algumas palavras sobre esta linda obra, imediatamente me veio à lembrança a seguinte frase: "Aqueles que passam por nós não vão sós, não nos deixam sós. Deixam um pouco de si, levam um pouco de nós" (Antoine de Saint-Exupery). Os conciliandos que passaram por nossas sessões deixaram registradas em nossa memória e guardadas em nosso coração as mais lindas recordações. As histórias aqui narradas, inspiradas em fatos reais, demonstram um pouco das muitas emoções que vivenciamos no curso do trabalho de conciliação e mediação.

O conflito é inerente ao ser humano e saber lidar com ele é uma arte. O conflito em si não é ruim, tendo o condão de repercutir positivamente ou não. Muitos desentendimentos se iniciam não pelas palavras proferidas, mas pela forma como foram ditas. Assim, cabe ao conciliador, como um facilitador do diálogo, criar uma ponte entre as partes, que possibilite remover do caminho as obstruções decorrentes dos ruídos na comunicação.

Há quatro anos tenho tido o prazer e o privilégio de coordenar uma competente equipe de conciliadores e mediadores, todos atuantes nos conflitos familiares. Graduados nas mais diversas áreas (Administração, Arquitetura e Urbanismo, Direito, Economia, Educação Física, Jornalismo, Letras, Pedagogia, Psicologia e Publicidade e Propaganda), pós-graduados em Direito Civil, Econômico, Educacional, Empresarial, Família e Sucessões, Processual Civil e Tecnologia da Informação, Educação Física Escolar, Engenharia Civil, Executivo de Cinema e TV, Finanças, Gestão de Pessoas, Marketing, Mediação, Negociação e Arbitragem, Métodos Adequados de Solução de Conflitos, Novas Tecnologias do Ensino-Aprendizagem e Psicologia Judiciária, mestres e doutores em suas respectivas formações acadêmicas, têm em comum a convicção da necessidade da cultura da paz. A eles, externando minha gratidão pela dedicação neste lindo trabalho de pacificação, relembro o provérbio chinês: "Um pouco de perfume sempre fica nas mãos de quem oferece flores".

Os autores

Da esquerda para a direita: Antoin, Débora, Janda, Fernanda, Denise M., Cynthia, Renata, Regina, Marta, Ruth, Laís, Barbara, Claudia S., Helen, Claudia C., Maria Célia, Leila, Denise F., Anita, Danilo, Celita, Adriana, Daniella e Elissandra.

A grande reforma

Adriana Alice Zanolini Pisarewski Moisés

Logo que vi aquele senhorzinho magro, de estatura baixa e curvada, pensei de imediato que, provavelmente, ele teria dificuldade para falar na sessão, tão frágil parecia, sustentado por uma bengala. À sua frente vinha o filho, puxando um cilindro de oxigênio. Pediu para participar da sessão justamente por conta do estado físico do pai, cuja fala era prejudicada por problemas respiratórios. Eu estava na sala de espera quando chamei as partes. Este senhor, o Sr. Benedito, era o requerente, que estava acompanhado de seu filho, Inácio, e de seu advogado.

Considero singular o primeiro encontro do mediador com os mediandos, pois é a primeira oportunidade para estabelecer a conexão com eles, fazendo com que se sintam acolhidos e seguros, gerando o que denominamos de *rapport*.

Geralmente, chamo as partes pelo nome e sobrenome, para não gerar dúvidas e confusões na identificação, e vou ao encontro delas. Na sequência, avistei Samuel, que estava ali como requerido. Homem jovem, forte, de estatura mediana, exibia vários piercings pelo rosto. Tinha o corpo todo coberto de tatuagens, e trazia seus longos cabelos loiros presos, em formato de rabo de cavalo. Ao seu lado, também um advogado.

Logo que vi as partes, confesso que fui tomada por um estranhamento. Tive que realmente fazer um esforço cognitivo para não julgar e, consequentemente, assumir uma atitude mais protetiva ou preferencial em relação ao requerente, dada sua fragilidade. Ao mesmo tempo, me esforcei para eliminar aquela primeira impressão da aparência do requerido[1].

---

1   Como mediadora, precisamos nos eximir de julgamentos em relação ao que olhamos e ouvimos, requisito imprescindível para atuarmos com imparcialidade e a maior neutralidade possível.

Como mediadora, atendo a casos de conflitos dos mais variados temas. Naquele dia, o caso que vou relatar envolvia uma questão de despejo. Por que escolhi narrar esse fato? Porque me chamou atenção desde o momento do encontro com as partes, em cada detalhe. Além disso, tocou-me especialmente o desfecho final.

Conduzi todos até a sala de audiência, deixando as partes entrarem primeiro com seus advogados para poderem escolher seus lugares e se acomodarem, a fim de se sentirem confortáveis naquele ambiente. Após todos se sentarem e se acomodarem na mesa, apresentei-me, dizendo meu nome, agradecendo a presença de todos e perguntando se estavam bem acomodados. Perguntei também ao requerido se concordava com a participação do filho do requerente, tendo ele anuído sem problemas.

A abertura é um momento importante da sessão, no qual o mediador esclarece como será a mediação, explica seu papel e função, convidando as partes a participarem através de uma conversa inicial. Então, expliquei os princípios da mediação (imparcialidade, confidencialidade, voluntariedade, autonomia da vontade, informalidade e oralidade). Informei, ainda, sobre as regras de um diálogo construtivo e algumas combinações para o bom desenvolvimento do processo. Procuro checar se estão entendendo, de forma a gerar confiança e credibilidade, essencial para a conexão com todos e entre todos.

Enquanto falava, percebi a atenção constante do Sr. Benedito, de Inácio e de Samuel, bem como dos advogados. Ao final dessa conversa, perguntei se os envolvidos haviam entendido e se desejavam participar daquele processo, já que a adesão é voluntária e precisa ser expressamente manifestada. Ambos concordaram e não fizeram nenhuma pergunta.

Pedi, então, que cada parte contasse o que estava acontecendo, o motivo de estarem lá e quais questões traziam para ser resolvidas. Geralmente, início perguntando ao requerente e, em seguida, dou a palavra ao requerido.

Logo que o Sr. Benedito tentou iniciar sua fala, foi imediatamente interrompido por Inácio, que pediu para falar em nome dele, repetindo o argumento de que o pai tinha dificuldades na fala devido ao problema respiratório. Sr. Benedito anuiu com a cabeça.

Inácio contou que o pai havia alugado a casa para Samuel há alguns anos e que tudo corria bem até que este último, sem consultá-lo, realizou uma pequena reforma na frente do imóvel. Mudou totalmente a fachada, tirando a calçada e removendo as plantas e árvores que lá havia, para colocar grama em todo esse espaço. Contou ainda que essa reforma estava provocando infiltração na casa. Por fim, "acusou" o inquilino de estar usando a casa como comércio, para venda de produtos e atendimento a clientes. Por esses motivos, o requerente queria rescindir o contrato de aluguel, pedindo o despejo do requerido.

Enquanto Inácio narrava a história, eu escutava atentamente, ou seja, usava uma das mais importantes ferramentas do mediador, que é a "Escuta Ativa"[2], enquanto percebia que o Sr. Benedito estava agitado.

Encerrada sua fala, fiz algumas perguntas pontuais, para gerar informações e esclarecimentos sobre alguns aspectos, e, em seguida, passei a palavra para Samuel. De forma tranquila, ele confirmou ter feito a modificação da frente da casa. Disse também que fez algumas reformas no interior. Justificou sua atitude explicando que a reforma se destinava a evitar infiltrações que estavam ocorrendo na parte interna. Explicou que queria melhorar o visual da parte externa do imóvel, especialmente porque gostava muito de grama e considerava que esteticamente ficaria melhor.

Cada um expôs sua visão do mesmo fato, como é normal acontecer na mediação. Apesar disso, conseguiram falar e ser ouvidos sem interrupções. Ao mesmo tempo em que ouvia cada um, percebia que o Sr. Benedito ficava cada vez mais agitado.

Voltando-me para ele, perguntei se também gostaria de falar e

---

2   Técnica de ouvir atentamente o outro, sem interrompê-lo, para compreender o que está dizendo.

se se sentia confortável para isso. Imediatamente sorriu, acomodou-se melhor na cadeira, colocando-se para frente. Vagarosamente, mas com muito esforço e de forma decidida, Benedito contou que ele mesmo construiu a calçada. Cultivou cada planta, fazendo questão de dizer o nome de cada uma. Planejou e comprou o material necessário, buscando o melhor preço. Planejou cuidadosamente cada detalhe da obra, procurando deixar tudo perfeito, como deveria ser. Em sua narrativa, expressava muita emoção e orgulho. Percebia-se o grande esforço que ele fazia para conseguir falar. Esforço maior ainda ele fazia para que seu inquilino entendesse o que ele estava dizendo. Queria que Samuel validasse seu esforço e reconhecesse sua obra. E era por isso que se sentia ofendido pelas reformas realizadas. Percebi um alívio em suas expressões e, ao mesmo tempo, uma gratidão por ter sido escutado.

Com base em minhas anotações, fiz um resumo, tentando identificar e elencar os interesses, necessidades, sentimentos e preocupações expressados por todos os que se manifestaram.

Após ouvir as partes, entendi que não era um despejo que pretendiam, por violação de cláusula contratual da locação. A questão era outra: o que causou o conflito foram vários ruídos de comunicação que, ao longo do tempo, geraram desentendimentos entre eles. O que havia ali eram sentimentos não compreendidos e necessidades não atendidas.

O Sr. Benedito estava se sentindo irritado pela atitude do locatário em fazer a reforma da frente sem consultá-lo. Estava extremamente aborrecido por ele ter destruído sua obra, à qual tanto se dedicou. Sentiu-se desvalidado e indignado quando foi mais de uma vez até a casa para falar com o inquilino e este não o atendeu. Ficou muito ressentido, pois precisava do reconhecimento de seu trabalho. Precisava ainda de atenção, para explicar o risco de tirar a calçada, podendo trazer problemas de infiltração para o imóvel. Tanto ele como seu filho e o advogado precisavam de clareza sobre a real atividade comercial do inquilino e o consequente uso do imóvel para tal fim.

Samuel estava chateado pelo fato de o proprietário não ter compreendido a importância que a modificação da frente da casa e demais reformas internas representaram para ele. Precisava do reconhecimento de seus cuidados constantes para a preservação do imóvel. Também ficou muito irritado quando o acusaram de estar usando o bem para fins comerciais. Tinha necessidade de confiança. Por isso, era importante para ele explicar que não estava desviando a finalidade da locação, que era para sua residência. Precisava deixar claro que apenas entregava os produtos para os clientes.

Em relação às visitas do Sr. Benedito, sentiu-se perturbado por ter sua privacidade invadida, motivo pelo qual não atendia a porta. Explicou que não recebeu o Sr. Benedito porque não foi avisado anteriormente da visita.

Perguntei, então, como era a relação de locação entre os dois. O Sr. Benedito respondeu, de pronto, que se sentia satisfeito tendo Samuel como seu inquilino, sempre pontual no pagamento, e que não tinha nada contra sua pessoa. Mais tranquilo e aliviado, ele sorriu, tendo podido expressar o que realmente sentia e queria.

Samuel, ao escutar esta fala, fez questão de também dizer que gostava muito do Sr. Benedito, que nunca teve problemas com ele e que desconhecia o que foi por ele narrado sobre a obra da calçada. Em seguida, manifestou interesse em continuar no imóvel, apesar dos problemas.

Foi então que vi surgir uma conexão entre os interesses reais dos mediandos. A questão a ser resolvida não era de despejo. O que faltava, até então, era que cada um olhasse com empatia para a necessidade e o interesse do outro. Ambos queriam a continuidade da relação locatícia. Alinhados interesses e necessidades, partimos para a resolução das questões, tendo as próprias partes gerado as opções.

Questionei o que precisava acontecer para que houvesse a confiança entre eles. O Sr. Benedito disse: "Eu só quero que a frente da casa volte a ser como era, como EU FIZ, com a calçada, com as plantas". Deixou claro que não queria que o inquilino saísse do imóvel. Por fim, concluiu: "Eu não tenho mais muito tempo. Estou velho. Só quero o imóvel como era quando eu o construí."

A partir das opções geradas, foi sugerido que cada um solicitasse um orçamento de alguém de sua confiança, para realização da reforma da frente da casa.

Questões resolvidas, restabelecida uma boa comunicação, ruídos desfeitos, passamos a construir o acordo sobre a permanência de Samuel no imóvel, a prorrogação do prazo da locação e a reforma da frente da casa. Nesse ponto, definiram que os interesses de ambos estariam acolhidos com a retirada da grama e reconstrução da calçada, como queria o Sr. Benedito; em cima da calçada, seria aplicada grama sintética, para atender também ao gosto do inquilino. O requerente também concordou que o requerido continuasse recebendo seus clientes na casa para fazer suas vendas. Combinaram de chamar um técnico para solucionar o problema da infiltração.

Redigido, impresso e assinado o acordo, todos se levantaram e se deram as mãos, demonstrando reciprocamente satisfação em relação à composição alcançada. Sentimentos de tranquilidade, gratidão e afetuosidade se instalaram. Ele não queria o despejo. Só queria ver recomposta a obra que havia deixado, pois era muito importante para ele o reconhecimento de seu trabalho.

Ao final daquela sessão, observando as partes se darem as mãos em meio a sorrisos, com tranquilidade e satisfação, concluí que a reforma não era da frente da casa. A verdadeira reforma foi na vida daquelas pessoas. A verdadeira reforma foi feita pela mediação, que restabeleceu a comunicação entre eles, possibilitando a construção de um acordo que atendesse a ambos os interesses.

Mágoas e mal entendidos desfeitos. Ficaram livres para dar continuidade a uma relação que não precisava terminar, e não terminou, porque se deram a oportunidade de se falarem e se escutarem. Mais uma vez, pude testemunhar o poder transformador da escuta na Mediação: aproximar pessoas, permitir abraços, acalmar os corações, conectar-se com a natureza compassiva de cada um, provocar verdadeiramente uma mudança na qualidade da relação das pessoas. Essa foi, sem dúvida, a "grande reforma".

A mãe e a areia

Claudia Stefanini

Acordei assustada. Perdi a hora! Apesar da pressa, consegui fazer tudo que estava na minha lista e, após o almoço, cheguei ao meu encontro.

Tomo um café feito no coador, que estava quentinho e saboroso. Reparo que "as partes" haviam chegado... Depressa, arrumo a sala da nossa sessão: coloco cinco cadeiras igualmente espaçadas, deixo bloquinhos de papel espalhados e várias canetas. Ligo o computador e abro o processo. "Sim, esse caso é processual!" Para não atrasar nosso encontro, nem me "contaminar" com as inúmeras petições, de um lado e de outro postadas nos autos, dou apenas uma olhadela e resolvo deixar de lado a tela. Respiro fundo...

Procuro me manter calma e receptiva, com um pequeno sorriso no rosto. Ninguém à minha volta repara na minha tensão... Respiro fundo novamente e falo dentro da minha cabeça: "você está acostumada, sabe o que tem que fazer, não precisa resolver nada, pois isso é uma tarefa das partes.... ufa!" Acho que me convenço mesmo! Respiro fundo novamente e vou até a antessala.

— Senhora Margarida Flores Armazém e Senhora Rosa Jardim Esquina! Exclamo em alto som, ao mesmo tempo em que olho ao redor, com os óculos na ponta do nariz.

Rapidamente, caminha em minha direção um jovem senhor, com um terno bem cortado azul marinho e camisa branca que me diz:

— Estamos aqui, da parte da D. Margarida. Sou seu advogado, Dr. Odair Marrom.

Ao seu lado, estava uma moça, cabelos cacheados, com uma blusa e saia simples e colorida. A D. Margarida.

Procuro ao redor e vejo uma moça sozinha, cabeça baixa, vestindo uma calça jeans e uma blusa com gola alta, vermelha, bem bonita. Dirijo-me ao seu encontro e pergunto:

— A senhora é a D. Rosa?

Afobada, ela deixa o celular e ao me olhar nos olhos diz:

— Sim, sou eu. Estou esperando meu advogado.

Nesse momento reparo a chegada de um senhor, na meia idade, esbaforido, vindo em minha direção. Ele acena com as mãos, e fala num tom alto:

— Boa tarde! Desculpem o meu atraso! Sou o Dr. Raposo Oliveira, advogado da Sra. Rosa.

Aceno com a cabeça a todos os presentes, ao mesmo tempo em que digo:

— Boa tarde a todos, sejam bem-vindos! Meu nome é Vitoria e serei sua mediadora hoje. Me acompanhem, por favor.

Após todos escolherem seus assentos e se acomodarem, chega a minha vez de sentar. Respiro fundo e percebo que hoje, mais que outro dia qualquer, preciso manter meu equilíbrio.

Antes de continuar, nem é preciso dizer que meu nome não é Vitoria e nem as partes e seus advogados têm esses nomes. Mudei tudo para que o sigilo e confidencialidade sejam mantidos. Mas o que quero dizer agora é que esse é o primeiro caso de mediação cuja temática eu nunca havia antes tratado. Aliás, creio que também nunca havia pensado sobre isso, e como seria resolvido. Era um caso de guarda, junto com regulamentação de visita, inclusão de nome na certidão de nascimento... Bom, resumindo, estávamos numa audiência de guarda. Mas... Bem peculiar...

Voltando à narrativa, abro um sorriso e começo a preleção. Sim, se você estiver se perguntando se estamos em um "jogo de futebol", eu lhe digo que não, obvio. Mas a função é a mesma: explanação de um conteúdo explicativo para elucidar nossa tarefa do dia.

Ao final, pergunto se todos entenderam, se há alguma dúvida e se podemos começar com quem deu entrada no pedido. Todos acenam consentindo com a cabeça e dou a palavra à Rosa.

Vocês logo saberão o motivo da minha tensão...

— O que me trouxe aqui é a necessidade que tenho de ficar

com meu filho. Sinto muito a falta dele, vai fazer quatro meses que não o vejo... — Rosa fala numa voz triste, com a cabeça baixa.

— E por que você não o vê mais? Pergunto olhando em seus olhos.

— Porque a Margarida o tirou de mim...

Nesse momento, Margarida tenta se levantar, o advogado, Dr. Odair, a segura pelo ombro. Mas mesmo assim, continua exaltada.

— O Jorginho é meu! Exclama.

Rosa não se abate e responde olhando para Margarida:

— O Jorginho também é meu filho!

Nesse momento o clima já está tenso e acabamos de começar! Os advogados intervêm e o clima se torna menos denso. Continuo.

— Gostaria que pudéssemos ouvir. Mais do que a vontade de falar, temos que ouvir o que o outro tem a dizer. Só assim poderemos decidir o que nos aflige nesse momento. Rosa, me conte o que aconteceu desde o início. Com o consentimento de todos, Rosa recomeça.

— Bem... Vamos lá. Eu conheci a Margarida faz sete anos. Moramos no mesmo bairro, uma rua para baixo. Eu me apaixonei por ela desde o primeiro momento que a vi. Ela estava andando sozinha no meio fio, olhando para seu celular. Quase dá de cara num carro estacionado, quando gritei para ela — olha o carro! Foi assim que nos conhecemos. Ficamos amigas imediatamente e, com o passar do tempo, começamos a ficar mais íntimas e logo namoramos. Ela morava com sua família, mãe e dois irmãos. Eu morava sozinha, era fácil de nos encontrar e ter a intimidade sem que ninguém soubesse. Depois de um ano, resolvemos assumir perante todos, o nosso relacionamento e a Margarida veio morar comigo. Na frente de casa tenho o meu negócio: uma loja de óculos. A Margarida nunca trabalhou, mas cuidava da casa e de mim. A família dela me aceitou bem e eu não tenho família.

— Muito bem Rosa, continue. Eu disse a ela e aproveitei para dar uma olhada em todos os presentes, como estavam seus ânimos e olhares.

— Bem, sentimos falta de completar nossa família e resolvemos ter um filho. Decidimos juntas que a Margarida seria a gestante. Resumindo, fizemos a inseminação artificial e ela engravidou do nosso filho. Curtimos juntas toda essa fase e o Jorginho nasceu! No começo, nós duas fazíamos tudo por ele, eu só não amamentei. Troquei fralda, dei banho, ensinei as primeiras palavras, ajudei a andar, dei papinha, dei bronca e dei muito carinho. Ele chamava nós duas de MÃE. A família da Margarida começou a por defeito na nossa família: que era um absurdo o menino ter duas mães, que na escola ele vai sofrer *bullying*, que o menino vai ficar traumatizado... Rosa começa a chorar.

Imediatamente ofereço um lencinho de papel a ela e consigo manter minha seriedade, mas com ternura. Todos assentem com a cabeça.

— E o que a trouxe aqui? — Pergunto a Rosa quando percebo que ela parou de soluçar.

— Com toda essa questão da família dela — aponta para Margarida — percebi que nossa relação estava se desgastando. Margarida resolveu mudar para a casa da sua mãe e levou o Jorginho! No começo eu o via todos os dias, porque a Margarida começou a trabalhar e o deixava comigo, depois da escola. Ele já está com quase cinco anos. Só que a falação da família, fez com que a Margarida o tirasse de mim! Eu não suporto viver longe dele! Eu sou sua mãe! Ele é meu filho! E nesse momento Rosa irrompe um choro triste e alto. É acolhida por seu advogado que me olha como se estivesse pedindo ajuda.

— Bem, Rosa, já entendi. Eu digo tentando acalmá-la. E após validar seu sentimento e comoção, faço uma recontextualização do que foi dito e passo a palavra para Margarida.

— Olha, o Jorginho é meu filho! A senhora viu a certidão de nascimento? Me dirige a palavra Margarida, enquanto aceno que não com a cabeça. — Pois é, lá só tem o meu nome como mãe! A Rosa, quando muito, é tia! Não aceito que meu filho tenha outra mãe! Margarida se exalta.

Rosa diz em voz alta que é mãe também e começam a trocar farpas mais grossas.

Nem eu, nem os advogados conseguimos conter o bate-boca, que só é interrompido com uma fala em tom mais enérgico de minha parte.

— SENHORAS! Por favor! Vamos lembrar-nos do que combinamos no início da sessão? E ambas se calam e abaixam suas cabeças. Eu continuo:

— Precisamos nos ouvir mais do que falar! Estamos aqui pelo bem do Jorginho e ele é muito feliz por ser querido desse jeito! Percebo que ambas o querem bem!

Me recomponho, abro um pequeno sorriso e passo a palavra novamente à Margarida, que é interrompida por seu advogado, o Dr. Odair.

— *Data Vênia*[1], doutora, me diz o Dr. Odair. Não é preciso seguir adiante. Vamos encerrar, porque minha cliente não tem mais nada a dizer.

— Doutor, eu falo me dirigindo ao Dr. Odair, — entendo sua posição, mas gostaria de fazer algumas considerações. Essa é uma oportunidade para Jorginho. Se esperarmos a decisão judicial, pode ser que não consigamos ajudar nem a Margarida, nem a Rosa, e muito menos resolver a vida do Jorginho. Será que podemos tentar ao menos conversar? Mesmo que nada seja resolvido aqui. Essa é uma oportunidade para ambas expressarem seus interesses.

Nesse momento Margarida coloca sua mão sobre a mão de seu advogado, como se fosse acalmá-lo e diz:

— Eu quero falar.

Todos se calam e assentem com a cabeça para Margarida que continua:

— O Jorginho precisa de mim!

— Você morou com a Rosa? Foi nessa época que engravidou?

---

1   Data Vênia é uma expressão em latim, muito usada pelos advogados, e é usada para iniciar uma fala que contraria o que foi dito anteriormente por outra pessoa.

Eu pergunto.

— Sim, a história foi como ela contou. Mas agora que não estamos mais juntas, o Jorginho fica comigo.

— Então, me corrija se eu estiver errada, você conviveu como companheira da Rosa e tiveram um filho durante o relacionamento. A relação ficou desgastada e você se mudou para sua casa. De início, permitia que Jorginho ficasse e visitasse Rosa, mas tudo mudou. É isso? Pergunto em um tom bem suave, tentando manter a situação sob controle.

— É isso mesmo — me diz Margarida.

— E como Jorginho lida com isso? Com o afastamento? Pergunto de forma interessada.

— Ele sente falta da Rosa. Me pergunta se pode ir à casa dela, mas eu não deixo. Sabe, D. Vitoria, eu estou em outro relacionamento, e não gostaria que minha companheira visse meu filho com ela.

— E como sua companheira entende o relacionamento do Jorginho com a Rosa?

— Ela tem ciúmes - me responde Margarida um pouco corada.

Faço uma recontextualização de tudo o que foi dito e pergunto para Rosa:

— E o que você gostaria aqui hoje?

— Eu quero ficar com meu filho. Tenho melhores condições financeiras, tenho mais tempo hoje para cuidar dele, pois os negócios vão bem e já tenho dois funcionários na loja. Tenho um quarto só pra ele na minha casa. Acompanho os estudos, levo no médico e busco na escola. Coisa que a outra mãe nunca fez - fala Rosa com uma voz exacerbada.

Margarida e os advogados interrompem e a sessão vira uma discussão generalizada. Eu interfiro e consigo retomar a ordem, apesar das mágoas que são sentidas no ar.

— Precisamos nos dirigir ao ponto mais sensível da nossa conversa, que é o Jorginho. Peço que cada um dos presentes reflita: o que seria melhor para ele?

Então, com essa pergunta que deixei no ar, a sessão continuou. Entre perguntas e respostas, fizemos caucus, que é uma conversa separada das partes: enquanto Margarida e seu advogado ficaram comigo, Rosa e seu advogado aguardaram do lado de fora, na antessala, e depois trocamos os papéis.

Já se passou uma hora e meia desde o início da Mediação e eu não fazia ideia como terminaria nossa sessão. Discussões acaloradas eram intercaladas com falas que se destacavam: "eu dei a luz, eu sou a mãe", "eu dei mais amor, eu sou a mãe", "ele saiu da minha barriga, eu sou a mãe", ou "eu fui a primeira a pegá-lo no colo quando nasceu, eu sou a mãe".

Diante da situação, ao mesmo tempo em que ouvia as partes e seus advogados, me perguntava onde o Direito estava nesse caso?

Atualmente, a legislação brasileira permite o registro de duas mães e/ou dois pais no Registro Civil. Apesar do Código Civil não expressar sobre o tema, já existem decisões e julgados que declaram a maternidade socioafetiva, ao entender possível o reconhecimento da multiparentalidade e admitir a coexistência jurídica dos nomes da mãe biológica e da mãe socioafetiva num mesmo registro civil. Mas esse não é o nosso caso. Há o pedido de Rosa para ser considerada mãe socioafetiva no registro civil do Jorginho, mas ainda não há decisão. E nosso caso não poderá esperar até que se julgue... o Jorginho está crescendo...

Na minha cabeça tinha um pensamento firme: O amor está acima de tudo! Me lembrei de uma história da Bíblia sobre o Rei Salomão de Israel. *Salomão pediu a Deus para lhe dar sabedoria e logo teve que decidir sobre um caso que chegou às suas mãos. Era a história de duas mães que moravam juntas e deram à luz a dois filhos quase no mesmo dia. Tudo ia bem até que uma noite, uma das mães matou seu filho sufocado por deitar-se sobre ele. Ela pegou seu filho morto, recém-nascido e trocou com o filho vivo da outra mãe. Ao amanhecer, a mãe do filho vivo que havia sido trocado viu o bebê perto dela morto e reparou que não era o seu filho. Foi tirar satisfações com a outra mãe que negou a troca. Diante do impasse, foram procurar o Rei, o que detinha o conhecimento, a sabedoria. Ao explicar o ocorrido, o Rei disse: "já que não consigo saber quem é a mãe verdadeira desse bebê, façamos o seguinte: tragam-me uma espada e vamos cortar o bebê em dois, pela metade, assim fica cada uma com uma parte ao mesmo tempo que o bebê não ficará para nenhuma de vocês". Diante disso, a mãe verdadeira disse: "pode deixar o bebê com ela, ela é a mãe verdadeira, não precisa matar o bebê". Ao mesmo tempo, a mãe falsa disse: "se essa é a única alternativa, meu Rei, pode cortá-la ao meio então, assim não ficará para nenhuma das duas". Nesse momento, Salomão percebeu qual realmente era a mãe verdadeira... aquela que tinha o amor sublime, o amor maior de mãe, que era capaz de dar seu próprio filho a outra mulher para que não fosse morto, e entregou o bebê à mãe verdadeira, convicto de que fez a coisa certa.*

Voltemos à nossa história.

Na fala tanto de Rosa como de Margarida, muitos sentimentos foram revelados, tínhamos que abordar o tema do nosso encontro. Então, perguntei:

— Farei uma pergunta a ambas, que já falamos em separado, mas gostaria que falassem para todos os presentes. Quem você acredita que cuidaria melhor do Jorginho? A Rosa começa, depois a Margarida fala, por favor.

— Eu acho que o Jorginho ficaria melhor comigo. Tenho melhores condições financeiras, e tenho mais tempo também. Posso oferecer uma vida melhor para ele, para seu futuro. Jamais iria gostar de separá-lo da Mãe Margarida. Afinal, nós duas somos mães e sei bem como é ficar longe de um filho. Ele poderia morar comigo e ver a Margarida aos finais de semana. Para mim, assim seria o ideal — disse Rosa.

— Eu acho que o Jorginho não pode ter duas mães. Ele tem que morar comigo e deixar de conviver com a Rosa. Quando muito, posso deixar que ela o veja no dia do aniversário dela, no aniversário dele e no Natal. Tá muito bom assim. Já disse que minha companheira não gosta da Rosa — falou Margarida num tom forte.

— Margarida — interpelo olhando profundamente em seus olhos — o que fez você mudar de opinião sobre "ter duas mães"? Pela narrativa apresentada por vocês duas, aqui, antes da separação, o Jorginho as chamava de "mãe". Quando resolveram ter o bebê juntas, combinaram que seriam mães dele?

Margarida fica confusa e sua face se torna bem corada. Olha para seu advogado, ambos abaixam ligeiramente a cabeça, mas nada respondem.

Então, eu falei: — Vocês têm que se colocar no lugar do Jorginho! Vou repetir minha pergunta: O que será melhor para a vida do Jorginho?

— Eu já disse o que acho melhor para ele. Ficar comigo — diz Rosa.

— A Rosa poderia dar melhores condições sim, mas eu sou a mãe, né? Entendo que o Jorginho ficaria bem com ela ou comigo — responde Margarida.

Diante dessa fala, resolvi me colocar. Dirigindo-me à Margarida, pergunto:

— Então, pelo que entendi, você acredita que o Jorginho estaria muito bem se ficasse com você ou com a Rosa, não é isso? E se nós pudéssemos marcar alguns dias para que Rosa pudesse vê-lo? Como você acha, então, que poderíamos organizar as visitas?

Nesse momento, Rosa vira para mim e diz com voz embargada:

— Como assim? Você quer que eu, mãe, visite o meu filho? Como uma mãe pode visitar o filho? Não morar com ele?

Nesse momento "caiu minha ficha". Uma linguagem das antigas, que significa que eu repentinamente passei a entender realmente a situação. Rosa não era o pai que queria regulamentação de visitas. Eu estava lidando com duas mães desesperadas para ficar com seu filho. Pensar em reparti-lo como na história de Salomão? Nem pensar. A guarda alternada jamais seria homologada pelo juiz. Ficamos alguns minutos num silêncio profundo. Eu tinha que falar alguma coisa.

— Como todos se lembram, estamos aqui para conversar sobre a guarda do pequeno Jorginho. Eu disse dirigindo-me a todos. E continuei:

— Lembro também que não somos obrigados a fazer um acordo, essa é a oportunidade de resolvermos a situação de acordo com a vontade de vocês. Há o interesse de resolvermos essa situação?

— Não vejo como resolver sem eu ficar com o Jorginho. Ele é meu filho - disse Margarida, que foi acolhida por seu advogado.

— O que posso fazer se a Margarida for irredutível, é ao menos pagar a escola dele, uma boa escola, os materiais e uniforme. Eu pago pra ele. E posso fazer um plano de saúde, porque a gente nunca sabe, né? Faço questão que ele possa ter um bom futuro. Não fico com ele, mas quero que ele seja feliz — diz Rosa.

Dirijo-me à Margarida e seu advogado e pergunto o que pensam sobre isso. Margarida pede licença para conversar com seu advogado do lado de fora e eu concedo.

Passam cinco minutos e enquanto isso, na sala, Rosa cochicha com seu advogado, a porta está aberta. Atenho-me às minhas anotações, sem me importar com a conversa deles.

Margarida e seu advogado retornam à sala e o Dr. Odair pede a palavra:

— Margarida agradece a proposta de Rosa, mas acha que é melhor não receber nada dela, para evitar vínculos entre eles. Então, não aceitamos o dinheiro, nem queremos fazer acordo.

Pergunto à Margarida, após agradecer as palavras do doutor:

— É isso mesmo que deseja?

— Sim, senhora. Não tenho as mesmas condições financeiras da Rosa, e nem o tempo disponível que ela tem, mas prefiro deixar que o juiz decida o que for melhor para o Jorginho.

Nesse instante, olho para Rosa e seu advogado, como se estivesse passando-lhes a palavra. Não digo nada, mas eles entendem o meu sinal.

— Bem, eu faço o que for necessário para que o Jorginho tenha uma situação mais confortável, tanto financeiramente, como afetivamente — diz Rosa, um pouco chateada, e continua: — Infelizmente, a Margarida por causa da sua nova namorada, não quer saber de nada...

O Dr. Raposo complementa:

— Estávamos favoráveis a um acordo, mas com a irredutibilidade da outra parte, podemos encerrar e aguardar a decisão judicial.

Eu retomo a palavra:

— Tendo em vista a decisão de todos em encerrar essa sessão, quero dizer que sou muito grata pela oportunidade que me deram de compartilhar suas histórias. Quero dizer que as portas não devem ser fechadas. Se quiserem conversar novamente aqui, ou se quiserem resolver numa conversa amigável, vejo que vocês têm plena condição de se ouvirem. Se precisarem de mim, estou à disposição. Seus advogados podem peticionar nos autos solicitando nova audiência. Muito obrigada. Audiência Infrutífera.

Após os procedimentos burocráticos do Termo de Audiência, leituras e assinaturas, todos se despedem fraternalmente. Inclusive eu.

Eu os acompanho até a saída. Na volta, sozinha, na sala, reflito sobre tudo o que falamos e o que eu poderia ter feito mais. Fico com minha consciência tranquila. Tomo para mim o que é meu e deixo para cada um, o que é de cada um. Eu sei exatamente o que a história de Salomão me ensinou. Pego na minha bolsa, uma pastinha que eu sempre carrego, com contos, parábolas e poesias. Encontro uma especial sobre o amor de mãe. Diz assim:

PARÁBOLA DA AREIA (autor desconhecido)
Mãe e filha estavam caminhando pela praia. Num certo ponto, a menina perguntou:

— Como se faz para manter um amor?

A mãe olhou para a filha e respondeu:

— Pegue um pouco de areia e feche a mão com força...

A menina assim fez e reparou que quanto mais forte apertava a areia com a mão, com mais velocidade a areia escapava.

— Mamãe, mas assim a areia cai!

— Eu sei, agora abra completamente a mão...

A menina obedeceu, mas veio um vento forte e levou consigo a areia que restava em sua mão.

— Assim também não consigo mantê-la em minha mão!

A mãe, sempre a sorrir disse-lhe:

— Agora pegue outra vez um pouco de areia e deixe-a na mão semiaberta como se fosse uma colher... bastante fechada para protegê-la e bastante aberta para lhe dar liberdade.

A menina experimenta e vê que a areia não escapa da mão e está protegida do vento.

— É assim que se faz durar um amor.

Quando acabo a leitura, penso: Rosa é uma boa mãe.

Advogado: bom de briga ou de solução?

Antoin Abou Khalil

Dedico este trabalho à minha amiga Denise Manzzo, a quem devotarei gratidão eterna por ter me indicado o caminho da mediação.

Algumas coisas em nossas vidas assumem tamanha importância que acabam constituindo verdadeiro divisor de águas. Foi assim em relação ao meu aprendizado sobre os chamados "Métodos Alternativos de Solução de Conflitos" (MASC's), que os iniciados, não sem razão, costumam rebatizar de "Métodos *Adequados*"...

Felizmente, o que tive oportunidade de aprender apenas quando já advogado experiente, e por meio de formação complementar, de uns anos para cá passou a fazer parte da grade curricular de muitos cursos de direito. Mas, nos meus tempos de faculdade, onde ingressei em 1987, os profissionais do direito eram preparados para serem bons "esgrimistas". O estudo das matérias era feito sob a premissa de quão úteis seriam num cenário de conflito e, nesse contexto, o direito processual contava com a predileção de grande parte dos colegas.

O tempo passou e, tal como as águas de um rio traçam seu leito naturalmente, atravessando os terrenos de menor resistência e rumando para o mar, assim fui me especializando no direito de família. Ou seja: não foi algo que decidi racionalmente, e sim uma revelação do meu ser. Quem pode viver esse privilégio sabe bem o significado da frase atribuída a Confúcio: "Escolha um trabalho que você ama e nunca terá que trabalhar um dia sequer na vida".

Aqueles que atuam no direito de família e conhecem as técnicas de mediação não terão dificuldade para compreender as implicações do que foi dito acima. Em outras palavras: são áreas conjugadas de conhecimento. Portanto, quando, há cinco anos, tomei contato com os MASC's, dei-me conta de que muito do que se ensina nessa área acaba sendo aplicado "intuitivamente" pela maioria dos profissionais cuja atuação se dá no campo das relações humanas, conforme acontece no direito de família. Porém, a despeito do valor que possa existir no "agir intuitivo", apenas o estudo das técnicas permite, por meio da conscientização, inserir a prática num processo de aperfeiçoamento.

Ainda enquanto fazia o curso de mediação, surgiu, no escritório, uma oportunidade de testar a eficácia dessa nova abordagem. Depois de muitos anos sem contato, uma cliente voltou a me procurar. Agendada a consulta, explicou que seu pai havia falecido e que estava em curso o processo de inventário, no qual sua mãe figurava como inventariante. Além dela, havia outro herdeiro, irmão de minha cliente, como parte no processo.

Ao ingressar no sistema do tribunal de justiça para consultar o andamento, fiquei surpreso com o tempo de tramitação: cinco anos. Mas esse sequer era o detalhe mais impactante, e sim o fato de que minha cliente acabava de ser citada! Para quem não é da área jurídica, explico: o processo de inventário apenas pode seguir seu curso normal quando todos os interessados já estão formalmente cientificados de seu processamento, e essa ciência se dá por meio da citação. Em muitos casos, o ingresso dos interessados ocorre logo no início, quando tomam a iniciativa de contratar advogado para tratar do assunto. No caso em questão, isso não se deu porque minha cliente não mantinha um bom relacionamento com seus familiares. Apenas eles fizeram essa contratação, e ela, contrariada, obrigou-os a seguir o rito processual destinado a trazê-la ao processo.

Bem, cinco anos após a abertura judicial do inventário, lá estava ela, diante de mim, relatando agruras e expondo suas pretensões quanto à partilha (divisão de bens). Pedi um prazo para analisar o caso e agendei seu retorno para a semana seguinte.

Em nosso reencontro, esbocei a linha de "defesa". Sim, haveria de ter uma, porque, pela análise que fiz dos autos, a inventariante, escudada pelo outro filho, dava sinais de que não iria respeitar um acordo feito em família, no sentido de destinar determinado imóvel para minha cliente. Esta última havia feito investimentos de monta no bem e, por conta disso, seus pais se comprometeram a transmiti-lo a ela. Até chegaram a fazer um contrato, por instrumento particular, cuja validade não preenchia todos os requisitos legais. É comum as pessoas darem tanto peso aos aspectos morais de um compromisso que, muitas vezes, negligenciam formalidades jurídicas. Portanto, no limite, o cumprimento do acordo feito há tempos dependia da "boa vontade" dos envolvidos, não muito presente nas circunstâncias descritas.

No prazo legal, produzi contundente manifestação nos autos. Havia motivos para crer que os cinco anos já transcorridos seriam apenas o início daquela história. E talvez fosse assim mesmo, se as lições aprendidas no curso de mediação não tivessem começado a produzir efeitos na condução dos meus trabalhos...

Nas idas e vindas ao curso, procurei pensar numa forma de aplicar os conceitos da mediação: *como promover o encontro daquelas pessoas? Seria o caso de requerer ao juiz que designasse audiência conciliatória? Mesmo se tal pedido fosse deferido pelo juiz, como saber se ele conhecia as técnicas de mediação, de modo a tornar a audiência efetivamente produtiva? Por outro lado, se, na melhor hipótese, ele conhecesse as técnicas, mesmo assim o cenário não seria ideal pois, por mais que ele se esforçasse, jamais conseguiria ocupar um lugar de neutralidade, cabível a um mediador...*

Em meio a esse embate mental, surgiu uma ideia: apesar da existência de um processo judicial de inventário, eu poderia tomar a iniciativa de instaurar um procedimento no CEJUSC (Centro Judiciário de Solução de Conflitos e Cidadania). O pior que poderia acontecer era permanecermos onde estávamos. Portanto, concluí que valeria a pena tentar.

Agendei reunião com minha cliente, a fim de lhe explicar a estratégia. Reservei tempo suficiente para esclarecer todas as suas dúvidas e lhe mostrar que não teria nada a perder. Sua adesão era o que eu precisava para dar o próximo passo: requerer a instauração do procedimento num dos CEJUSC's da Capital. Com a finalidade de buscar eventual indicação de uma unidade que contasse com bons mediadores, consultei uma colega com larga experiência na área.

Definida a unidade, dirigi-me até lá, onde fui muito bem atendido. Como é sabido, os CEJUSC's não expedem para a outra parte uma "intimação", e sim "carta-convite" para uma sessão conciliatória. Sendo "convite", a outra parte pode ou não aceitar comparecer. O não-comparecimento não lhe acarreta nenhuma consequência direta: o procedimento é simplesmente arquivado, e ponto final. Na carta, consta apenas que a parte "A" convida a parte "B" para uma conversa amigável, com a intenção de buscar uma solução amigável a respeito de determinado assunto. Isso é feito de forma sucinta e objetiva.

Quando se opta por esse caminho, é importante ter em mente que 50% das condições para a realização da sessão conciliatória já estão presentes, que é a concordância de uma das partes. Os outros 50% dependerão da adesão da parte contrária.

Instaurado o procedimento, a sorte estava lançada. Restava aguardar o recebimento da carta pelos parentes de minha cliente.

Passados alguns dias, recebi o telefonema do advogado da viúva e do outro herdeiro. Nosso diálogo seguiu nestes termos:

— Dr. Antoin, meus clientes receberam uma notificação para comparecerem ao CEJUSC. O que significa isso?! — sua pergunta não questionava o significado do órgão propriamente dito, e sim a iniciativa de minha cliente.

Notei um tom de exasperação em sua fala. Portanto, fiquei atento para não me deixar "contaminar" por isso, pois sabemos que os humores contagiam. Se uma pessoa sorri para você, a tendência natural, espontânea, é de sorrir de volta. E o contrário é verdadeiro. Logo, aqui entra em cena a importância de ter consciência das técnicas de abordagem num cenário de tensão. Portanto, procurei responder em tom tranquilizador:

— Bom dia, doutor! Não sei se o senhor notou, mas é uma

carta-convite, e não uma notificação. Isso significa que não há obrigatoriedade de comparecimento. É só um encontro para tentarmos chegar a um acordo. O senhor sabe como funciona o CEJUSC? Muita gente não conhece ainda e, eu mesmo, apenas descobri há pouco tempo...

Ainda exaltado, ele retrucou:

— Sei sim! E tem mais: a carta menciona a desnecessidade da presença de advogado. Mas tenho certeza de que o senhor estará com sua cliente!... Não vou orientar os meus a irem, pois será uma perda de tempo!

— Doutor, nossa presença não é obrigatória, mas eu pretendo ir, sim, e acho que o senhor também deveria comparecer... — interrompendo minha fala, ele continuou:

— Se sua cliente quer fazer acordo, por que o senhor não peticiona ao juiz do inventário e requer a designação de audiência conciliatória? Poderia ter feito isso! Por que não faz?

Ao ouvir esses questionamentos, dei-me conta de que meu ilustre colega não fazia a menor ideia do conceito que embasa a criação e o funcionamento dos CEJUSC's. E eu estava diante do desafio de explicar isso a ele, de uma forma que não o melindrasse... No filme "Advogado do diabo", o príncipe das trevas, vivido magistralmente por Al Pacino, encerra sua atuação dizendo que a vaidade é seu "pecado favorito". O tema volta às telas em "O pequeno Buda", vivido por Keanu Reeves. Após superar quase todas as barreiras que se impõem à consciência humana, antes de atingir o estágio de iluminação Sidarta percebe que o obstáculo mais sutil e difícil é justamente o representado pela vaidade. Baseado em minha experiência de vida, ouso afirmar que, ao mesmo tempo em que a vaidade parece ser a aliada preferida do ego, tem ela morada natural nas carreiras jurídicas... Mas me desculpem pela irresistível digressão! Voltemos à cena.

Sempre mantendo a calma, procurei desarmá-lo e, para isso, concordei com ele:

— Doutor, o senhor tem toda razão. Eu poderia mesmo ter

peticionado ao juiz, como está dizendo. Mas acredito que, por ser um profissional experiente, o doutor sabe que há "juízes" e "juízes", não é mesmo? O senhor conhece o perfil do juiz que está cuidando do caso?...

— Não — ele respondeu.

— Pois bem, eu também não conheço... Pode ser um juiz acolhedor, que saiba conduzir as partes na audiência; mas também pode ser daqueles que, ao abrir uma audiência conciliatória, limitam-se a perguntar: "Tem acordo?" E, diante de uma negativa, simplesmente terminam a audiência. Numa situação dessas, perderíamos nosso tempo! Já no CEJUSC, quem recebe as partes é um conciliador, pessoa treinada especificamente para ajudar as partes a construírem um acordo.

— Dr. Antoin — ele voltou a me interromper —, se sua cliente quer um acordo, nós podemos negociar isso. Não precisamos ir ao CEJUSC. A viúva é pessoa de idade. Para que dar a ela o trabalho de se deslocar? Vou pedir ao colega que me envie, por e-mail, uma proposta para análise, e a gente tenta chegar a um acordo. Assim, é mais simples.

Apesar da resistência dele, fiquei animado ao perceber uma mudança no tom de sua fala, que se tornava mais cordial. Ainda tentando desativar evidentes defesas em relação a levarmos o caso ao CEJUSC, demonstrei compreender o que me pedia, para, em seguida, apontar as limitações daquilo:

— Doutor, eu poderia, perfeitamente, passar por e-mail uma proposta de acordo. Não há dificuldade alguma para isso. Só que uma proposta veiculada desse modo seria como uma fotografia. Ou seja, algo estático. Por outro lado, o encontro das partes numa sessão conciliatória seria dinâmico. Feita a proposta por um, o outro já diz o que prefere e assim conseguimos caminhar com mais assertividade. Além disso, as partes que negociem entre si! O direito é deles, não é mesmo? Nós, como advogados, não temos nada com isso. Eles que se acertem e, se isso ocorrer, a gente entra no final, para auxiliar na parte técnica. — Dito isso, aproveitei para sinalizar o que imaginei ser de seu agrado — Por exemplo, eles possuem "x" imóveis. Minha cliente gostaria de evitar o condomínio[1]. Poderia ficar com parte do patrimônio, de forma separada, e deixar a outra parte para sua mãe e irmão... Agora, *quem fica com o quê?...* Eles que se acertem a respeito! E fazer essa negociação por meio da troca de e-mails pode ser menos eficiente e mais desgastante. Mas, claro, não deixa de ser possível! — Ao final de minha fala, fiz questão de sinalizar que estaria disposto a atender ao seu pedido.

Para minha alegria, a resposta dele expressou não só cordialidade, mas também entusiasmo, principalmente por conta da ideia de evitar o condomínio entre as partes:

— Mas é isso mesmo! Meus clientes também gostariam de evitar o condomínio! Isso seria ideal. Vejo que estamos pensando da mesma forma!

— Então, doutor! Não há motivos para não realizarmos o encontro! Na pior das hipóteses, continuaremos no mesmo ponto em que já estamos. E tem outra coisa: se peticionarmos requerendo ao juiz para designar audiência, quem poderá dizer como estará a pauta dele?

Além de tudo o que eu já disse, talvez demore muito! A pauta do CEJUSC é muito mais tranquila!

---

1   Para quem não é da área jurídica, talvez valha um pequeno esclarecimento sobre esse ponto. O patrimônio de uma pessoa falecida pode ser composto por vários bens. Por exemplo: uma casa e dois carros. Se essa pessoa possuir dois ou mais herdeiros, o patrimônio deverá ser dividido entre eles, e o inventário serve para isso. Mas como fazer a divisão/partilha dos bens? Se, em nosso exemplo, estivermos diante de dois herdeiros, a forma mais "fácil" é definir que cada um será dono de 50% dos bens, ou seja, atribuiremos 50% da casa e 50% de cada um dos carros para cada um deles. Em outras palavras, criaremos um "condomínio" (= propriedade conjunta). Resultado: a divisão será "matematicamente" perfeita. Contudo, na prática, isso pode gerar problemas, na medida em que os herdeiros, agora "sócios" no patrimônio herdado, queiram dar a ele uma destinação divergente... Portanto, quando perguntamos "Como fazer a divisão/partilha dos bens?", uma resposta alternativa seria: fazendo os herdeiros chegarem a um acordo sobre os bens, de modo a evitar, na medida do possível, que fiquem "sócios" no patrimônio, ou seja, em condomínio. Embora essa solução seja mais trabalhosa, no longo prazo costuma gerar mais satisfação aos envolvidos.

O que ele disse a seguir mostrou que mais um passo havia sido dado:

— Dr. Antoin, quero lhe agradecer pela sua gentileza. Em consideração a isso, vou orientar meus clientes a irem para a sessão que foi marcada. E irei com eles.

— Que maravilha, doutor! Eu é que lhe agradeço e parabenizo por somar esforços para que possamos levar nossos clientes a se entenderem. Será um prazer conhecê-lo pessoalmente.

— O prazer será meu.

Se é verdade que a pacificação tem por foco as partes e deve ser buscada entre elas, também é verdade que os profissionais que as auxiliam na defesa de seus interesses podem contribuir para essa pacificação, ou atrapalhar. Portanto, quando o mediador se defronta com um caso, precisa estar atento à atuação de todos: não apenas das partes, mas também daqueles que as estiverem orientando. A adesão de todos à proposta de solução amigável aumenta as chances de êxito da empreitada.

Após dar a boa notícia à minha cliente, agendei nova reunião com ela, agora para a véspera da sessão conciliatória, de modo a repassar todos os pontos a serem negociados e, mais importante, rememorar o conceito do trabalho que teria lugar no CEJUSC.

Durante nosso novo encontro, frisei que, mais importante do que minha atuação na qualidade de advogado, seria a atuação dela própria perante sua mãe e irmão. Para ajudá-la a lidar com as emoções negativas que provavelmente poderiam surgir durante o encontro, usei a seguinte metáfora:

— Todos temos aspectos luminosos e sombrios. Pense nos sombrios como se fossem "monstros" que habitam os porões de nosso ser. Normalmente, eles ficam trancados. Só que temos, em nós — dizia isso apontando para a região do peito —, como que pequenos botões, que as outras pessoas às vezes insistem em acionar, abrindo a porta do porão. Isso é feito por meio de palavras ou gestos agressivos. E, não se engane, fazemos o mesmo com elas. Vou lhe pedir para ficar bastante atenta a isso. Não se deixe vencer pela primeira agressão — se houver —, e se policie para não agredir. Assim como podemos ativar o "modo monstro", também podemos ativar o "modo monge".

Essa abordagem até tornava a situação um tanto divertida. Ao longo da reunião, que durou cerca de duas horas, analisamos juntos o valor de cada item do patrimônio inventariado, e jogamos um "xadrez" sobre as possíveis combinações entre bens, de modo a evitar o condomínio e gerar uma partilha equilibrada. Ao fim, fiz questão de frisar:

— Sabe o "modo monge"? — rindo, ela assentiu, diante do que continuei: — Pois é, lembre-se de que ele também valerá para mim. Não estranhe se, diante de algum momento mais tenso, ou de um desaforo que seja feito por sua mãe ou irmão, eu mantiver a calma e procurar amenizar as coisas. Não pense que não a estarei "defendendo". Pelo contrário: terei essa postura justamente para defender os seus interesses e não perder a oportunidade de chegarmos a um acordo.

— Sim, doutor, eu sei. Fique tranquilo, pois entendi direitinho.

Sobreveio o dia seguinte. A fim de evitar contratempos, combinei com minha cliente que nos encontraríamos meia hora antes, na frente do CEJUSC.

Em lá chegando, encontrei-a já à minha espera. Fomos tomar um café, repassar rapidamente mais alguns pontos e voltamos antes do horário do início da sessão. Neste momento, fizemos contato com os demais, quando agradeci ao meu colega pelo empenho em estar ali e por orientar seus clientes no mesmo sentido. Com grande satisfação, observei que minha cliente conseguiu cumprimentar de forma afetuosa a mãe, mantendo, porém, distância em relação ao irmão.

No horário marcado, fomos chamados para a sala de audiências. A mediadora fez uma breve abertura da sessão, procurando explicar que estava ali para ajudar as partes a chegarem a um entendimento sobre as questões envolvendo o inventário, etc...

Assim que tive oportunidade, iniciei agradecendo pela presença de todos; afirmei o interesse de minha cliente em chegar a uma solução amigável e pus, sobre a mesa, pequenas fichas de papel, cada uma representando um bem do patrimônio inventariado, com seu respectivo valor. Isso facilitava a visualização das diferentes combinações que fossem sendo sugeridas. Também dei destaque ao imóvel que havia sido compromissado à minha cliente, e que não deveria fazer parte do cálculo geral, uma vez que, de certo modo, havia pagado por ele. Neste momento, senti receio de experimentar alguma resistência mas, grata surpresa, isso não se deu.

Meu colega fez algumas ponderações e, nos breves momentos em que as partes se manifestaram, o único ponto crítico foi um sonoro palavrão que o irmão de minha cliente proferiu, quando se sentiu ofendido pela fala dela. Não havia razão para isso, mas, em algumas pessoas, não é preciso muito para ativar o "modo monstro" e liberar o que habita nos porões. Na verdade, há casos em que as portas destes parecem ficar destrancadas na maior parte do tempo, devendo haver, sim, é um empenho para fechá-las... No entanto, devidamente preparada para aquilo, felizmente o "modo monge" dela conseguiu resistir ao atentado e, ânimos domados, em não mais do que meia hora conseguimos chegar a um acordo! Por incrível que pareça, levou mais tempo para redigir o termo do que propriamente para definir o que dele deveria constar.

Ao sairmos de lá, era evidente o clima de satisfação geral. Meu colega agradeceu por eu ter tomado aquela iniciativa e, na despedida, mais uma vez minha cliente se dirigiu à mãe, comprometendo-se a fazer contato em breve. Infelizmente, seria preciso um trabalho específico para tentar modificar a relação entre os irmãos. Às vezes, quando os danos são maiores, o tratamento precisa ser mais intenso e exige mais tempo. Mas isso não deve ser motivo para frustração, tendo em vista que, ao menos, pondo-se fim ao inventário, eliminou-se ali uma grave fonte de atritos. A perpetuação da ação judicial certamente contribuiria para deteriorar ainda mais o relacionamento daquelas pessoas.

Pouco tempo depois, o acordo foi homologado pelo juiz competente e demos ciência disso ao juízo do inventário, que encerrou o caso.

Vamos aos números: (a) tempo de duração do inventário: cinco anos e seis meses; (b) tempo de minha atuação como advogado no caso: 6 meses; (c) tempo para elaboração do acordo: 1h30, sendo 30 minutos para fechar o acordo e 1 hora para redigir o respectivo termo.

Talvez alguns dos advogados que tenham tido paciência para chegar até este ponto da leitura estejam se perguntando: *E quanto aos honorários? Como ficaram? Neste sentido, não foi desvantajoso buscar o CEJUSC?* São questões muito pertinentes.

Aos que estão acostumados a associar a cobrança de honorários exclusivamente à "extensão" do trabalho, tomo a liberdade de lhes propor uma mudança de paradigma. O que tem valor é a solução do problema, e não o tempo despendido para resolvê-lo. O que o cliente irá preferir: o advogado que o defendesse nas intermináveis instâncias do judiciário, ingressando ou respondendo a recurso em cima de recurso, por anos a fio, ou aquele com habilidades negociais, capaz de auxiliá-lo a construir uma solução, em tempo infinitamente menor e com ganho nas relações pessoais?...

Caso ainda não se tenham convencido, convido-os a visitar o disposto no artigo 48, § 5º, do Código de Ética e Disciplina aprovado pela Resolução no 2/2015, do Conselho Federal da OAB. Para facilitar, transcrevo-o: "É vedada, em qualquer hipótese, a diminuição dos honorários contratados em decorrência da solução do litígio por qualquer mecanismo adequado de solução extrajudicial.".

Dito isto, respondo à pergunta: os honorários ficaram exatamente iguais. A contratação se deu num cenário de inventário litigioso. Graças à atuação do escritório, e colaboração dos envolvidos, foi possível transformar isso e chegar a um acordo, o que não desvaloriza em nada o trabalho dos profissionais que demonstraram aptidão para ajudar no traçado desse caminho. Pelo contrário.

Infelizmente, muitos advogados ainda não enxergam os MASC's nessa perspectiva, continuando a vê-los como ameaça a seu mercado de trabalho. Há até posicionamentos da OAB neste sentido, receosa com a possibilidade de os CEJUSC's, cuja competência vem se ampliando ao longo do tempo, drenarem boa parte desse mercado. Contudo, arrisco-me a afirmar que os advogados que se esmerarem nos MASC's tenderão a ter mais, e não menos, clientes, sem levar em consideração o maior grau de satisfação de seus contratantes.

Para os profissionais moldados em forma antiga, isso exigirá uma mudança de paradigma. Deverão transmutar o "advogado bom de briga" em "advogado bom de solução". E, mesmo quando a briga for inevitável, a enfrentarão com a consciência de que há modos variados de ir ao combate. Bons lutadores sabem disso: nem todos os golpes "possíveis" são "permitidos", ou seja, não se deve buscar a vitória "a qualquer preço". Principalmente no campo das relações pessoais e dos afetos, onde, muitas vezes quem "vence o processo" na verdade experimenta, mesmo que não o perceba num primeiro momento, fragorosa derrota no campo da vida...

Em todas as áreas, mas principalmente na de família, não se pode considerar completa a formação dos profissionais que não saibam distinguir *"posição"* de *"interesse"*, sob pena de, no lugar de serem catalisadores de soluções, transformarem-se em fermento de dramas familiares, como bem ilustrou o filme "História de um casamento", cujo título, aproveitando os elementos de nossa narrativa, poderia ser: "Como ativar seu 'modo monstro' no processo de divórcio"...

Por fim, como palavras finais, quero deixar aqui uma pequena semente para reflexão. Fomos educados ouvindo a frase: "Se queres paz, prepara-te para a guerra". É tão antiga quanto o mundo e orienta não apenas a política de defesa de muitos países, como está entranhada em nosso inconsciente. Mas isso é um erro! Mais coerente seria aprendermos: *Se queres paz, prepara-te para a paz, semeia a paz, ensina a paz, promove a paz.* Pense nisso.

Afinal, de quem é o carro?

Barbara Kelch Monteiro

A gente nunca sabe como vai ser o dia, quando recebemos a pauta. Parece só uma lista de nomes, mas por trás de cada nome daqueles existe uma história, um acontecimento, um sentimento, ou mesmo um momento que por algum motivo ficou mal resolvido ou mal conversado, e que precisa do apoio de um terceiro externo ao problema.

Esta era a minha segunda sessão daquela tarde. Arrumei a sala, em seguida fui convidar os participantes para uma conversa. Sempre gosto de ler e analisar os nomes das partes antes, já que existem alguns nomes bem diferentes, e não fica muito simpático gaguejar ao chamar alguém na sala de espera, ou então ter alguém corrigindo um nome que você pronunciou errado, já com as sobrancelhas franzidas - pode acreditar em mim, não é um bom começo!

Neste caso, vieram uma moça e um rapaz, cada qual com seu advogado. Eu já havia lido que não era um caso de família. Deixei que cada um sentasse onde se sentisse mais confortável, na mesa redonda na qual, em outras ocasiões, já cheguei a conversar com oito pessoas. Os advogados sentaram-se lado a lado, criando uma distância entre seus clientes. Sentei-me entre a moça e o rapaz. Nenhum sorriso, apenas secos e educados "boa tarde". As duas partes estavam bastante apreensivas, uma vez que nem todo mundo já esteve em um fórum, ou mesmo envolvido em um processo.

Apresentei-me, e solicitei os documentos de todos os presentes. Os advogados logo recolheram os documentos de seus clientes e os entregaram a mim, junto com as respectivas OABs. Como não tenho boa memória para nomes, uso o costume de colocar os documentos na mesa, na mesma ordem das pessoas, assim posso rapidamente buscar o nome de alguém apenas com um olhar, se preciso for. Antes que os presentes tentem resgatar seus documentos de volta, conto isto para eles às vezes, assim já surge um primeiro tema para o quebra-gelo!

Em geral, como não leio os casos antes das sessões, é neste momento que preciso sentir o quanto as pessoas estão estressadas, ansiosas ou desconfortáveis, pelo comportamento e linguagem corporal, para preparar mentalmente o meu discurso de abertura, que nem sempre é exatamente o mesmo. Até aqui, estava tudo tranquilo.

Como de costume, dei a palavra à parte que deu entrada na ação, e a moça só olhou para seu advogado, como que buscando um apoio. Este logo se adiantou, dizendo que para esta situação não havia o que fazer ou conversar, pois era um terceiro o causador do conflito, que não estava presente e nem fora encontrado para ser incluído no processo. Ainda, explicou que eles já haviam tentado conversar, mas provavelmente neste caso não sairia um acordo. A advogada da parte contrária também se pronunciou, reafirmando a colocação do colega.

Respirei fundo, todos estavam olhando para mim, e as partes se mostravam decididas a manter suas posições. Sustentei meu semblante calmo e confiante – essencial em momentos como esse, onde o mediador deve passar a confiança para todos de que durante a sessão conduzirá a conversa organizadamente.

Arrumei os documentos sobre a mesa, sem falar nada. Foram 10 segundos de silêncio que, aos presentes ansiosos, pareceram durar algumas horas. Foi desta maneira que retomei o controle da sessão. Agora com menos tensão, eu precisava entender o ocorrido para conseguir apoiá-los, logo abri um sorriso simpático e disse a todos, com voz calma e tom baixo, que deveríamos seguir a sequência formal da sessão. Um pouco inconformados pelo gasto de tempo em uma situação para eles já definida, retomamos o andamento.

A requerente contou sua visão do acontecido, e após a colocação do advogado passei a palavra para o requerido, seguido de colocação da segunda advogada. Minha vez de falar, e já podem imaginar que precisei da ajuda dos advogados para montar as peças do quebra-cabeça. Infelizmente, as pessoas de bem sempre confiam demais na palavra dos outros, e acabam por não formalizar acordos e combinados que fazem, o que gera uma teia de relações como a deste caso.

E, o "imbróglio", no final da história, era mais ou menos este:

De um lado, tínhamos uma moça que vendeu seu carro, por intermédio de um senhor que viu o aviso colado no vido do carro e se apresentou como amigo de um rapaz que com certeza se interessaria pelo carro. Uma vez que recebeu o comprovante da transferência bancária por WhatsApp, a mesma passou em cartório a documentação ao comprador, mas não entregou o carro – ia esperar cair o dinheiro em conta. Porém, isto nunca aconteceu, pois ela descobriu depois que o comprovante era falso.

De outro lado um rapaz que comprou o carro – por intermédio de um senhor que se apresentou como amigo da dona do carro. Como recebeu a documentação em seu nome, o rapaz logo fez uma transferência para uma conta bancária indicada pelo intermediário – e que já podem imaginar que não era da dona do carro.

Conclusão, o intermediário sumiu junto com o dinheiro, deixando de um lado um carro sem documento, e do outro um documento sem o carro!

Entendi então a posição de todos no conflito. Eles haviam sido enganados, e o senhor que ficou com o dinheiro sacou o valor do banco e sumiu. A princípio, não havia o que se fazer para reaver aquele valor, o que causava esta apreensão, e a certeza às partes de que não havia o que fazer. Já eu apenas percebi que teríamos que ser criativos para achar um caminho para uma possível solução.

Considerei que, se o processo fosse para julgamento, com certeza uma das partes seria prejudicada, e na verdade ambos haviam sido enganados. Era hora de entender um pouco mais sobre os interesses das partes, pois precisava buscar uma solução para o caso, que atendesse a ambos. Voltei às perguntas abertas. A moça havia comprado o carro mas não estava conseguindo pagar as parcelas, e por isso revendeu o carro para quitar a dívida, logo era visível que precisava do dinheiro. Já o rapaz trabalhava como motorista de aplicativo, precisava de um carro, e como houve o problema ele teve que comprar outro, que não estava conseguindo pagar, pois as parcelas estavam altas, e o retorno das corridas era menor do que ele havia previsto no início.

E você? Já pensou qual solução daria a este caso?

Vamos continuar. Imaginei uma possível solução para o caso, mas as partes precisavam entender se era a melhor solução para elas. Desta vez, usei perguntas fechadas, pois queria formar um caminho com as respostas, para que as próprias partes encontrassem o consenso. Perguntei à vendedora se ele continuava com interesse em vender o carro, no que me confirmou que sim, já ela precisava saldar a dívida, mas salientou que ninguém iria comprar um carro sem documento. Em seguida perguntei ao comprador se ele continuava com interesse em comprar o carro, no que me confirmou que sim, pois seu carro atual estava com as parcelas muito altas, mas não teria o valor total para pagar novamente no carro.

Neste momento, os advogados deixaram seus clientes conversarem, sem interferências. Foram aos poucos recostando na cadeira, acompanhando a conversa com um certo ar de questionamento, até mesmo de curiosidade para ver onde esta conversa iria chegar. Silenciosos e observadores, servindo-se de uma bala doce. Sempre importante ter as balas à disposição sobre a mesa, ótimas para mudar o rumo da prosa, ou quebrar um silêncio!

E assim, devagarinho, conversando, desatou-se o nó. Depois de alguns alinhamentos, chegamos ao consenso: o carro seria vendido novamente ao mesmo comprador pela metade do valor original, assim a perda seria compartilhada entre as duas partes. E, caso o dinheiro do intermediário fosse recuperado no futuro, ficou combinado que seria então dividido entre eles.

Sabem qual foi minha maior satisfação ao final? O advogado e a requerente foram embora com um carro de aplicativo – claro, conduzido pelo requerido! Não haveria prova maior de que a comunicação havia sido restabelecida entre eles.

Agora eu sei! O meu pai me ama!

Anita Naomi Okamoto

Esta história, apesar de ter ocorrido já há alguns anos, me marcou profundamente, pois ela tocou a alma de todos os que estavam presentes, mostrando o amor incondicional que todos nós temos por nossos pais e como um simples gesto muda toda nossa vida!

Como advogada e mediadora, cada sessão é um grande desafio, um grande aprendizado, onde vemos várias dores, sofrimentos, diversos sentimentos como raiva, vingança, abandono, solidão, pessoas perdidas em seus mundos, impossibilitadas de ver a vida e a si mesmas diante de tantas sensações conflitantes.

E foi em uma destas sessões que pude observar quase todas estas emoções em um só rosto, o rosto de um rapaz de dezenove anos, que foi convidado a comparecer em uma sessão para conversar com seu pai, que pedia uma revisão dos valores que durante anos, pagou a título de pensão alimentícia, para seu filho.

Vou chamar o pai de João, que veio acompanhado de seu advogado, e o filho de Junior.

Assim, os convidei a entrar e a se sentarem, acolhendo-os com todo o respeito[1] para que eu pudesse realizar minha apresentação e esclarecimentos de como seria a nossa sessão[2] e, como Junior estava desacompanhado de advogado, perguntei a ele se haveria algum

---

1   O acolhimento das partes, pelo mediador, é o momento do primeiro contato, é quando o mediador tem a possibilidade de se conectar com os mediandos transmitindo confiança, respeito e que está a serviço de algo maior, ou seja, da comunicação.

2   Na mediação, esta seria uma das etapas necessárias a ser aplicada, pois é quando o mediador deve esclarecer com coerência e clareza sobre os princípios fundamentais e estruturais da mediação, dá a cada mediando a importância de sua participação, o poder de decisão de cada um sobre suas vidas, bem como a possibilidade de encontrarem um caminho, uma solução para o conflito apresentado.

problema, por parte dele, em dar continuidade à sessão[3] mesmo sem um advogado para auxiliá-lo.

Com o advogado sentado à minha esquerda, João à minha frente, Junior ficou à minha direita, e apesar da mesa ser redonda, Junior conseguiu se sentar praticamente de costas para o pai, evitando desta forma qualquer contado visual com ele, o que já chamou minha atenção.

Além dessa posição, que demonstrava não querer ver o pai, ele se sentou de pernas e braços cruzados, como se estivesse se defendendo de algo, tentando se proteger ou bloquear algum sentimento, não falado, mas expressado pelo corpo.

Iniciados os trabalhos, pedi para que cada parte me contasse o que estava acontecendo e qual era o objetivo de cada um, iniciando por João o qual explicou que precisava diminuir o valor da pensão paga a seu filho mais velho, pois havia constituído uma outra família, e que, tinha um outro filho de nove anos.

Quando olhei para o Junior, que permanecia de costas, cabeça baixa e olhando para o lado, notei que esta postura impossibilitava, a seu pai, de ver a dor existente em seus olhos, um sofrimento contido, que necessitava e pedia uma atenção.

Foi então que repeti[4] o que João falou e perguntei diretamente[5], neste caso, por que somente após nove anos ele estava tentando diminuir o valor da pensão?

Após refletir por alguns segundos respondeu:

— Sempre tentei dar o melhor para meu filho mais velho, pois

---

3   Neste caso, respeitei o Princípio da autonomia da vontade do mediando, pois, se houvesse qualquer manifestação em contrário, ou seja, se Junior dissesse que não estava se sentindo à vontade por estar desacompanhado de advogado, eu teria encerrado a sessão.

4   Na mediação, a repetição de uma fala pelo ouvinte, neste caso o mediador, dá oportunidade ao narrador original ouvir sua própria história, tomando ciência do que ele mesmo está relatando.

5   As perguntas diretas e abertas possibilitam ao mediador demonstrar que está ouvindo atentamente ao seu relato e obter uma resposta além do SIM ou NÃO, faz com que o mediando reflita para responder.

não queria desampará-lo, tentei segurar a situação ao máximo, mas não consegui e agora neste momento estou sendo obrigado, por força de uma nova situação econômica, a pedir a redução do valor que venho pagando.

Percebi de imediato o incômodo causado por estas palavras junto ao rapaz e, o sofrimento nos olhos de João, por não estar conseguindo ajudar seu filho mais velho e por ainda não ter tido o contato visual com ele, pois a todo instante, João olhava para seu filho, em busca de algo.

Voltei minha atenção para Junior e perguntei a ele qual seria a sua posição para o que seu pai estava pedindo e, imediatamente a resposta foi:

— NÃO!! eu não aceito!

Pedi a ele que me contasse um pouco de sua vida e, foi então que começou dizendo:

— Não, eu não aceito! eu não entendo por que ele quer diminuir agora, não vou aceitar, vou deixar para o Juiz decidir, até mesmo porque, estou fazendo a faculdade e preciso deste valor para completar o valor da mensalidade, eu não aceito!

— Eu não aceito!! E porque ele pode tudo e eu nada? Meu irmão teve tudo e eu nada?

Ouvindo isso, João se manifestou dizendo:

— Mas eu sempre paguei a pensão e quando sua mãe pedia eu sempre atendia o que ela me falava, procurei não deixar faltar nada para você!

Junior, se mexeu na cadeira como se estivesse incomodado com a fala, a explicação de seu pai, balançava os pés, irritado, e sua resposta era como se fosse uma forma de vingança, era como se ele, negando ao que o pai pedia, pudesse castigá-lo por tudo o que aconteceu.

Foi então que convidei-os para conversar separadamente com

cada uma das partes[6], ratificando e garantindo ao advogado que não iria orientar, esclarecer ou falar qualquer assunto relacionado ao processo, pois esta parte cabia a ele e não a mim.

Primeiro, conversei com Junior e, assim que saíram perguntei a ele o que estava acontecendo e de imediato começou a falar com raiva e revolta, mas demonstrando ao mesmo tempo um olhar de tristeza, dor e abandono, sentimentos que seu próprio corpo já havia sinalizado, era a dor de sua alma!

Ele abriu seu coração e verbalizou:

— Porque meu irmão pôde ter o meu pai durante todo este tempo e eu não! — ele ficou todo este tempo longe, não deu as caras e agora ele vem falar comigo pedindo para diminuir o valor da pensão? Eu não vou aceitar, tenho projetos na faculdade e preciso do dinheiro!! — Ele deu tudo para ele, eu não tive nada, ele teve ele durante estes nove anos... eu gosto do meu irmão, eu conheço ele, não é culpa dele do meu pai ter ficado lá, ele não ficou é comigo!!

— Quando seus pais se separam, você tinha quantos anos?

— Dois anos.

— E seu pai não te visitava, não te via?

— Ele foi por pouco tempo, só no início, minha mãe conta que ele ia só no início e que depois não foi mais, eu lembro de só ver em ocasiões especiais, como aniversário, natal ou ano novo e de uns tempos para cá, nem isso.

— Ok, vou falar com seu pai agora, eu posso contar para ele o

---

6   "As reuniões privadas ou individuais, também conhecidas pela expressão caucus, têm por finalidade propiciar um espaço exclusivo de conversa com um dos mediandos, incluindo ou não sua rede de pertinência e advogado, e atendem a múltiplas finalidades: possibilitar o acesso aos discursos de cada um, sem a interferência da presença dou outro; provocar reflexões destinadas a solucionar aparentes impasses; identificar a pauta subjetiva da questão apresentada" - Almeida, Tânia, Caixa de Ferramentas em Mediação – Aportes práticos e teóricos. 2ª Ed., São Paulo: Dash Editora, 2016, p.57.

que você me disse agora?[7]

— Sim, pode, por mim tudo bem!

Chamei o pai e perguntei a ele, após se acomodar, quantos anos Junior tinha quando eles se divorciaram e se ele manteve contato com o filho durante todo este tempo.

— Junior tinha dois anos quando me divorciei, de início, eu ia ver ele, tentava ficar com ele a maior parte do tempo que dispunha e sempre que possível, mas, depois de um certo tempo, quando chegava na casa da mãe dele, ela começava a brigar e berrar comigo, me infernizando, não deixando eu ver meu filho. Daí, juntava a mãe dele, minha sogra, a tia, a irmã e todas elas ficavam falando no meu ouvido, me criticando, começaram a dizer que eu não era um bom pai, que precisava pagar mais, pois o dinheiro que eu dava não dava para fazer nada e falavam um monte de coisas e, depois de algum tempo, para não criar um clima pior, com brigas, xingamentos e ofensas, decidi me afastar e, só ia visitar Junior, quando dava. Neste meio tempo, casei e montei uma nova família e nasceu Filipi (vou chamar o filho caçula assim) e, assim foi indo, eu só pagava a pensão para não ter que ouvir a mãe dele reclamar e nem o resto da família que só me criticava!

Foi então que contei a ele sobre o relato de Junior e pedi para que pensasse e refletisse sobre tudo isso e se eu poderia falar sobre sua versão dos fatos na retomada da nossa reunião, e ele concordou prontamente.

Com as partes novamente à minha frente, percebi que Junior se sentou de forma mais "amigável", mais calmo e com seu pai ao alcance de seu olhar.

Como havia combinado, coloquei as posições e a versão de cada um neste caso, e durante o meu discurso, percebi que o pai

---

7   "É indispensável saber com o entrevistado se ele faz alguma restrição a compartilhar o conteúdo da entrevista privada na reunião conjunta. Por vezes, as restrições são parciais e, por vezes, alcançam a totalidade do conversado" - Almeida, Tânia, Caixa de Ferramentas em Mediação – Aportes práticos e teóricos. 2ª Ed., São Paulo: Dash Editora, 2016, p.223.

realmente estava a pensar, seu olhar e expressão facial era de um homem com uma dor profunda e ao mesmo tempo um olhar de alívio, e foi então que o pai se volta para seu filho, e com um olhar amoroso diz:

— Filho, sei que fui um pai ausente, eu não vi o que estava fazendo! Ao evitar criar conflitos, brigas, me indispor com sua mãe, eu deixei o que era mais importante para mim de lado, você! Eu sinto muito por todos estes anos que estive longe de você, eu sinto muito pela minha ausência, mas eu sou seu pai, sempre estarei aqui, junto com você e por você!

Junior ouviu tudo isso quieto, e com um olhar lívido, ele percebeu que seu pai estava ali para ele e se manifestou dizendo que concordava com o pedido de seu pai e com o novo valor sugerido por ele para a nova pensão!

Foi um encontro de almas, a retomada do fluxo de um amor interrompido de um pai e de um filho que a partir daquele momento voltavam a se comunicar, a acolher novamente o amor existente entre eles!

Assim, foi firmado o acordo, com ambos satisfeitos com o resultado obtido, encerramos a sessão com os corações leves e cientes de que tudo iria ser diferente daquele dia em diante.

As canções que você dedicou pra mim

Helen Eneida Masson de Resende

Dia lindo, sol brilhando, mas um ventinho frio lembrava que estávamos no outono e logo logo chegaria o inverno.

Sala de mediação preparada, mesa redonda, cesto para acomodar os celulares desligados, caixa de lenços de papel — ah como são imprescindíveis os lenços de papel — bloco para pequenas anotações, potinhos com balas e o aromatizador perfumando levemente o ambiente.

Chegam as partes, Sr. Godofredo Smith e Sra. Maria Henriqueta, desacompanhados de advogados.

Ele um senhor esguio, cabelos já completamente brancos, elegantemente trajando um terno — muito alinhado mesmo — e na mão esquerda uma aliança.

Ela mais nova, mas também idosa, a tintura em seus cabelos não deixava perceber a marca do tempo, blusa florida — revelando seu espírito alegre - carregava uma bolsa, uma grande sacola e também uma aliança na mão esquerda.

Demos as boas vindas, explicamos que estávamos em um ambiente pré-processual e que, portanto, a solução para o conflito seria por eles construída, sendo certo que esta traduziria o que fosse melhor para ambos.

Ele havia dado entrada no pedido de divórcio. Esclarecemos que normalmente dávamos a palavra inicialmente àquele que havia nos procurado, que tecnicamente chamamos de "reclamante".

— Sr. Godofredo, o senhor poderia nos contar o que o traz aqui hoje? De que forma acredita que poderíamos ajudá-lo?

Sr. Godofredo, ajeitando seu corpo magro e alto na cadeira, limpa suavemente a garganta e diz:

— Dra., eu preferia que a Marieta — era assim que carinhosamente se referia a Dona Maria Henriqueta — falasse. *Ladies first*. E também porque eu só estou aqui hoje, só dei entrada no pedido de divórcio, porque ela mandou. Não era o que eu queria".

Neste momento, pedi a ambos que me chamassem apenas pelo meu nome. Na conciliação/mediação, é muito importante que cada envolvido se sinta muito confortável quanto à forma como é chamado na sessão. Os conciliadores/mediadores, bacharéis em Direito ou não, advogados ou desembargadores aposentados, naquele momento figuram apenas como um facilitador do diálogo entre as partes, revelando apenas seus nomes, sem referência a "Doutor", pois é muito importante que os conciliandos/mediandos saibam que não estão na presença de quem irá julgar sua demanda ou responder a suas dúvidas jurídicas.

Mas, voltando a nossa mesa redonda:

— Sr. Godofredo, quer dizer que o Sr. não quer o divórcio? Não está aqui de livre e espontânea vontade?

— Não é o que eu quero, mas é o que a Marieta quer, então eu vou fazer a vontade dela.

Dada a palavra à Dona Maria Henriqueta, ela disparou:

— Eu quero o divórcio sim, mas antes eu quero mostrar quem é este homem. — respondeu a reclamada (designação daquele que recebe a carta-convite para a sessão de conciliação) já pegando a sacola que trouxera com várias pastas — Eu vou provar que ele...

Neste momento a interrompemos, explicando que na mediação não analisamos provas que, se necessárias, são juntadas no processo e analisadas pelo juiz, mas não em uma sessão de conciliação/mediação.

Mas, Dona Marieta era mulher determinada, não se dava por vencida facilmente, e foi colocando sobre a mesa as cartas de amor que "seu Godo" lhe escrevera ao longo de tantos anos, caligrafia que revelava como haviam sido cuidadosamente desenhadas aquelas lindas letras, LPs – sim as declarações de amor também estavam escritas nos LPs do maior cantor romântico de todos os tempos.

Seu Godofredo, olhar enternecido, parecia reviver cada momento em que declarara seu amor a sua Marieta e seus lábios, deixando escapar um discreto sorriso, denunciavam o que lhe passava pelo coração.

Um longo suspiro de ambos interrompeu o silêncio que se instalara na sala. Sim, não havia dúvida, estava fartamente provado que eles se amaram perdidamente e por muitos anos.

Sr. Godofredo e Dona Maria Henriqueta contam que começaram um romance proibido, pois ele foi casado por quase quarenta anos com Dona Gertrudes e que somente após o divórcio puderam finalmente formalizar e tornar público seu amor, materializado naquela certidão de casamento que nos apresentavam. Mas, de fato, há seis meses já moravam em casas separadas.

Perguntamos se era o divórcio mesmo o que eles queriam, afinal, embora separados de fato há seis meses, ainda usavam as alianças e durante toda a sessão de conciliação se chamavam de "meu amor", "minha querida" e "meu anjo".

Algo ali não fazia o menor sentido.

Não tiveram filhos. Os filhos e netos a que se referiam são do casamento do Sr. Godofredo com a Dona Gertrudes.

Perguntamos como estavam sendo estes seis meses para ambos. Sr. Godofredo foi o primeiro a dizer:

— Ah, está uma tranquilidade, voltei a ter privacidade dentro da minha própria casa, posso receber meus amigos, falar ao telefone com meus filhos e netos, sem ninguém — disse apontando para Dona Marieta — absolutamente ninguém ficar ouvindo atrás da porta ou na extensão do telefone.

Dona Marieta olha pra cima, cruza os braços e balança a perna direita. Sim, sua traquinagem estava ali exposta, colocada sobre a mesa, junto às cartas de amor e aos LPs apaixonadamente dedicados. Sem se dar por vencida ela assume:

— Ouvia mesmo! Você nunca me contava nada, Godo. — Lançando um olhar feroz para seu amado, começou a relembrar os longos telefonemas com seus filhos e netos sem que ela fosse incluída ou mencionada.

Como um novelo de lã embaraçado parecia que havíamos descoberto uma ponta para tentarmos ir aos poucos desfazendo alguns nós. Estaria ali a mágoa? Marieta, oficialmente a esposa há quase 30 anos, não era aceita pelos filhos do primeiro casamento?

Indagamos a Dona Marieta como estava sendo a experiência nestes seis meses separada do seu "anjo muito amado", como ela mesma se referia ao "seu Godo". Ajeitando o corpo elegante na cadeira, coluna ereta, joga os ombros para trás, balança a cabeça, levanta o queixo, faz um biquinho e diz:

— Ah, M.A.R.A.V.I.L.H.O.S.O. — diz pausadamente, lançando um olhar desafiador para o "seu Godo" — Eu faço ginástica e saio com minhas amigas.

Perguntamos se haveria a possibilidade de ambos terem privacidade para conversar com amigos e familiares por parte de um e fazer ginástica e sair com as amigas por parte do outro, sem necessidade do divórcio, uma vez que declaradamente o amor entre eles ainda era grande.

Até aí, haviam relatado o que identificaram como sendo bom nestes seis meses de separação e então arriscamos:

— Muito bem, vocês nos contam o que identificaram de melhor na separação, mas uma pergunta: nestas noites frias, sentem falta um do outro para aquecer os pés?

Prontamente, Sr. Godofredo, suspirando profundamente responde que sim. Dona Marieta dá mais uma olhadinha para cima e também confessa sentir a falta de seu amado.

— Então, se sentem tanto a falta um do outro, se ainda existe este amor que os uniu há tantos anos, porque pedir o divórcio?

Finalmente Dona Marieta confessa. O problema é que, embora divorciado de Dona Gertrudes há tanto tempo, Sr. Godofredo ainda paga o plano de saúde dela.

Neste momento, Sr. Godofredo busca as mãos de "sua Marieta" e segurando-as com carinho lembra que ele sempre havia se oferecido para pagar o plano de saúde dela também.

Dona Marieta, orgulhosa e altiva, mas sem retirar suas mãos

das mãos de "seu Godo", afirma:

— Não preciso, aliás nunca precisei, pois sou aposentada, tenho meus rendimentos e sempre paguei meu plano de saúde.

Numa tentativa de empatia e teste de realidade, tentamos fazer Dona Maria Henriqueta perceber que ela declarava não precisar e quão nobre era o gesto do Sr. Godofredo, que não deixara de prover a tranquilidade de sua ex-esposa quanto à saúde. Dona Gertrudes, ao contrário dela, não havia se aposentado, pois dedicara sua vida a cuidar dos afazeres domésticos e educar os filhos.

Tendo em vista o adiantado da hora e diante da declaração do Sr. Godofredo no início da sessão de que não queria o divórcio, arriscamos:

— Que tal se nós suspendermos esta sessão para que ambos façam uma 'lição de casa'? A proposta é a seguinte: Dona Marieta vai levar estas cartas, LPs a ela dedicados e álbum de fotografias e os dois irão jantar em um restaurante que tenha sido muito significativo na história de vocês. Topam? Qual seria este restaurante?

Neste momento, eles respondem quase em uníssono:

— Temos sim, é o Terraço Guanabara.

E logo em seguida, Dona Marieta revela:

— Era lá que ele me levava quando me fazia a corte. Mas, ele não vai querer me levar lá não, é muito caro.

Perguntamos ao Sr. Godofredo se a levaria ao Terraço Guanabara para jantar e ele prontamente respondeu que sim.

Os olhos dela brilharam e ele sorriu satisfeito com a possibilidade deste (re)encontro.

— Então, segue a lição de casa: jantarão no Terraço Guanabara, conversarão sobre o futuro e como imaginam suas vidas se de fato decidirem pelo divórcio.

Redesignamos a audiência para trinta dias.

De volta a nossa sala, lá vem Sr. Godofredo e Dona Maria Henriqueta, de braços dados e aliança na mão esquerda.

Perguntamos se fizeram a lição de casa e eles respondem que sim. Jantaram no Terraço Guanabara e conversaram sobre o passado, o presente e o futuro. E mais, frequentaram a casa um do outro. Ele foi buscá-la para fazer compras no supermercado, pois ela estava sem automóvel. Ela fez companhia a ele visitando parentes que se encontravam adoentados.

Que maravilha!!!! Que notícia boa!!!! Então, não havia dúvida, o termo daquela audiência seria o de reconciliação!!!!!

Para nossa surpresa, após este relato, Dona Maria Henriqueta diz:

— É, mas não adiantou nada, porque ele vai continuar pagando o plano de saúde da Gertrudes.

Sem dar o braço a torcer o Sr. Godofredo já dispara:

— E eu duvido que ela pare de ouvir minhas conversas atrás da porta ou na extensão do telefone.

E assim, fizemos o termo de audiência frutífera, consignando o desejo de ambos pelo divórcio.

Ele, um verdadeiro gentleman, após a sessão informa que a deixará em casa.

Dias depois, lá vem o Sr. Godofredo, usando aliança, perguntar se a juíza já havia proferido a sentença que decretava o divórcio.

— Sim, Sr. Godofredo, o divórcio já foi decretado. — Ele mostra a aliança e diz que não sabia se ainda era pra usar.

Mais alguns dias, volta o Sr. Godofredo, para expressar sua gratidão pela nossa sessão de conciliação e conta que ele e "sua Marieta" são amigos, frequentam a casa um do outro e que ele pode falar ao telefone sossegado. Ele ainda usava a aliança.

Conciliação e comunicação, que confusão!

Leila Silva Cordeiro de Abreu da Rocha

O dia de hoje começou de forma inesperada e inusitada, não interpretem de um jeito negativo, mas a história é real, cheia de surpresas e muita confusão na comunicação, no fim tudo saiu super bem e todos satisfeitos, principalmente eu, conciliadora.

Esta é uma história atípica, em que eu atuando como conciliadora fiquei mais feliz e satisfeita que as partes.

Meu nome é Frida e sou conciliadora, vou relatar aqui mais um dia de atuação, porém como é uma história real todos os personagens terão nomes fictícios, inclusive eu.

No início do trabalho, como todos os dias, antes de começar a conciliação, lembro-me que saí para chamar as pessoas que fariam parte da sessão de conciliação na sala de espera, como era de costume. Após chamar as pessoas pelo nome por mais de três vezes e ninguém se identificar, pensei que fosse mais um dia em que a sessão seria prejudicada pela ausência das partes e daria por encerrado meu trabalho.

Porém, quando retornei à sala de atendimento informei que as pessoas daquela conciliação não estavam presentes, a recepcionista ficou surpresa e informou que se tratava de duas partes portadoras de deficiência auditiva.

Naquele momento, parei e fiquei pensativa e assustada com tal informação e por alguns segundos não me senti capaz de presidir a sessão pensando:

— Calma Frida! Respira!

— Como posso fazer dar certo?

Enfim, eu estava preocupada, mas já estava lá, não poderia fugir daquela situação, meu intuito era ajudar e dar o meu melhor naquela conciliação.

Respirei fundo e disse: Vamos lá!

A recepcionista me chamou:

— Senhora Frida, vou levá-la até as partes.

Dirigimo-nos até as pessoas, eu me apresentei mostrando meu crachá de identificação, pois ali constava meu nome e seguimos para sala onde daria início a sessão de conciliação.

Sem saber muito como me dirigir àquelas pessoas, que aqui chamaremos a sra. de Nika e de Sr. Pedro, escrevi em um papel a seguinte frase: Como pode ser nossa comunicação?

O que me preocupava era como deveria me dirigir a eles, se com gestos ou mímicas, afinal de contas eu não sabia a linguagem de sinais, ou se de outra forma que eles pudessem me entender.

Era uma situação da qual eu nunca havia passado, e o grande objetivo naquele momento era fazer com que a comunicação entre todos fosse de forma mais clara, precisa e eficaz. Afinal de contas como uma conciliação poderia ser satisfatória se as pessoas não se entendessem?

Pedro, uma das partes que estava na sala, com muita dificuldade para falar, pronunciou algumas palavras informando que conseguia ler meus lábios, para isso eu, Frida, deveria falar devagar, pausadamente (não lento) e se precisasse ele traduziria para Nika, já que ela não falava nenhuma palavra e entendia com sinais e leitura labial.

Satisfeita, pensei: Frida, vencemos um obstáculo, ainda continuava apreensiva, mas um pouco mais calma.

Importante dizer que a conciliação havia sido solicitada pela Sra. Nika.

Iniciei a sessão falando da importância da conciliação, sobre as questões do respeito, minha imparcialidade diante dos dois e, principalmente, parabenizei a Sra. Nika e o Sr. Pedro pela atitude voluntária em procurar a conciliação.

Ocorre que enquanto eu falava de forma pausada e tranquila, gesticulando algumas vezes, me dei conta que estava aumentando o tom de voz e sem perceber estava falando tão alto que só se ouvia meu tom de voz alto ecoando pela sala pequena e fechada, na qual estavam presentes apenas três pessoas.

O que eu pretendia com aquele falatório alto era que as partes pudessem entender o que eu estava dizendo. Quando realmente me dei conta da situação, percebi que a reação que eu estava tendo era justamente de não saber como reagir diante de duas pessoas surdas e que não podiam me ouvir. Percebi que a minha comunicação naquele momento não estava ajudando.

Pensei comigo, sem esboçar qualquer reação as partes: Frida, por que você está falando tão alto? Por quê? Parei, respirei me recompus voltando à realidade ali naquela sala...

Por alguns segundos passou pela minha cabeça que eu que precisaria de um conciliador. O que estava acontecendo com meu equilíbrio emocional? Que confusão!

Refletindo naquele momento, coloquei-me no lugar daquelas pessoas e tentei imaginar como seria ouvir alguém que estava tentando se comunicar comigo. Como eu gostaria de ser tratada?

— Eu não preciso me sentir constrangida, era a primeira que tentava me comunicar com duas pessoas portadora de deficiência auditiva, eu precisava ser natural.

— Eles vão conseguir se comunicar comigo porque com certeza passam por situações como esta sempre.

De repente cheguei à conclusão de que era preciso falar com eles como se fala com qualquer pessoa.

Respirei fundo, baixei o tom de voz, acalmei-me, pois, do que adiantaria gritar se eles não ouviam, prossegui na apresentação e dei a palavra para Nika falar e explicar o que a levou procurar ajuda de um conciliador e o que ela pretendia naquela reunião.

Nika era uma moça jovem, aparentava cerca de uns vinte anos, estava visivelmente nervosa e ansiosa, e iniciou sua fala de forma bem expressiva, nervosa e agitada começou a gesticular com as mãos na cabeça e os dedos apontando para cima querendo dizer que havia sido "chifrada", e direcionava a Pedro que estava sentado a sua frente, dizendo que havia sido traída pelo companheiro e em uma discussão ele arremessou sua caneca de estimação pela janela e a quebrou.

Não era uma simples caneca, era a lembrança de uma grande amiga que morou em Londres e quando retornou ao Brasil lhe trouxe de presente. Ela guardava a caneca há quase dez anos e preservava com muito carinho a lembrança de sua melhor amiga.

Percebi que havia ali um acúmulo de sentimentos, sua caneca de estimação e seus sentimentos estavam feridos e magoados.

A raiva que ela esboçava não seria reparada só com valores em espécie, não era só isso, ela esperava um pedido de desculpas pela traição e pela caneca.

O que mais me surpreendia é que ela, inúmeras vezes, de forma bem agitada e nervosa, fazia o símbolo de chifres na cabeça com as mãos e apontava para o rapaz a sua frente, isso o incomodava.

Na tentativa de tentar acalmar os ânimos, eu, por algumas diversas vezes, me dirigia a ela com gestos pedindo que se acalmasse. Foi preciso fazer uma pausa e oferecer-lhe chocolates, isso mesmo, lembrei que tinha levado chocolates para a sessão. Para mim não existe nada melhor do que chocolates para adoçar a vida em momentos amargos.

Foi necessário fazer uma pausa por alguns minutos até que todos se acalmassem e extravasassem toda sua infelicidade.

Acho que consegui, pensei, dei continuidade a sessão e passei a palavra para Pedro, um rapaz jovem, com olhar muito expressivo, sobrancelhas grossas e fechadas, bem alto cerca de dois metros de altura e aparentemente calmo, de cabelos longos, e com idade aparente de trinta anos.

Ele falava com muita dificuldade, afinal não conseguia pronunciar as palavras corretamente, e algumas vezes fazia pausas para pensar e continuar. Pedro falou algumas palavras sobre o nervosismo no momento da discussão e ofereceu prontamente para pagar o que ela estava pedindo pela caneca.

Ocorre que Nika estava muito nervosa, não se tratava apenas de uma caneca, mas sim o quanto ele a tinha magoado.

Mais uma vez Nika se expressou diretamente a Pedro com língua de sinais, sobre o valor emocional pela caneca e a traição que havia sofrido. Parecia que ele não estava entendendo muito bem os sentimentos de sua ex-namorada.

Retomei a palavra, e reafirmei a boa intenção de Pedro em pagar o valor que ela pedia pela caneca, mas enfatizei as expressões de Nika com relação ao seu sofrimento e, após uma hora de conversa, Pedro entendeu que o mais importante era a demonstração de arrependimento e o perdão. Ela esperava o reconhecimento do seu erro.

De forma bem tímida ele fez um gesto de desculpas e disse que sentia muito pelo ocorrido.

Uma das grandes dificuldades naquela sessão de conciliação não foi só o problema emocional, mas a comunicação entre a conciliadora e as partes.

A inclusão social é de extrema importância e urgência para que haja facilitação no diálogo entre as pessoas.

Algumas questões inusitadas podem acontecer, e não será no problema apresentado na mesa redonda na sala de conciliação, mas na comunicação entre as partes, seja por uma deficiência, seja pela língua que falam se o idioma é de outro país e o português não é muito claro, seja pela crença ou ideologia que tem dialetos próprios e palavras com significados diferentes.

Muitas vezes quem precisa se colocar no lugar um do outro não são as partes, mas o conciliador no lugar da parte.

O que facilitou a minha comunicação entre Nika e Pedro, foi exatamente no momento em que me coloquei no lugar do outro e refleti como aquelas pessoas gostariam de serem recebidas e compreendidas.

A comunicação é fundamental para uma boa conciliação, eu precisava entendê-los, eles precisaram me entender e se entenderem. Por fim todos saíram satisfeitos.

Desatando nós

Fernanda Oliveira Lovisotto

Eu nunca consegui me enquadrar nessa advocacia tradicional do litígio, da judicialização, do perde-perde ou no máximo do ganha-perde. Por isso, quando encontrei, na mediação, o real significado da palavra justiça, foi amor à primeira vista.

Justiça, na mediação, é aquela que se amolda ao caso concreto de cada parte; é aquela na qual as partes, juntas, conseguem decidir o que é melhor para suas vidas; é aquela em que o papel, ou a lei, não tem qualquer importância diante daquilo que foi acordado pelos envolvidos; é a política do ganha-ganha, do acordo que faz lei entre as partes.

A mediação acredita na tendência atualizante, de Carl Rogers. Acredita que não há pessoas melhores para decidirem sobre seus conflitos do que as próprias partes, e isso é o que faz a mágica acontecer.

Chegou até mim um processo que já se arrastava há anos. O objeto do processo era uma extinção de condomínio entre três irmãos, ou seja, todos eram donos de um mesmo sítio, fruto de herança. O imóvel era constituído por uma residência principal e uma edícula, as quais eles denominavam "casa da frente" e "casa dos fundos".

Ocorre que o pedido não era simplesmente extinguir o condomínio existente. Uma alegava ter construído parte do imóvel; o outro, o qual residia na "casa dos fundos", alegava ter cuidado do pai na enfermidade e, por isso, pensava ter o direito de permanecer no imóvel sem pagar aluguel às demais; a terceira, por sua vez, resolveu alugar a "casa da frente" e receber o dinheiro sozinha, sem dividir com os condôminos.

A magistrada acabou se perdendo em meio a tantos pedidos, motivo pelo qual o processo foi se alongando. Por diversas vezes, ela tentou conciliar as partes... Ocorre que, geralmente, não há tempo suficiente para que o juiz realize satisfatoriamente a mediação/conciliação, pois as pautas são apertadas, reservando-se, em média, vinte minutos para cada processo. Como poderiam ser suficientes para tantas questões internas a serem resolvidas?

Para facilitar a compreensão e preservar o sigilo, princípio tão caro à mediação, chamarei as partes de Ana, João e Maria, nomes fictícios.

No decorrer do processo, uma das advogadas teve a sensibilidade de perceber algumas questões implícitas que seriam cruciais para a resolução da lide[1]: os irmãos carregavam muitas mágoas do passado. Ana acreditava que Maria tinha feito muito mal ao genitor deles e que não merecia ter participação no imóvel. Maria, por sua vez, demonstrava um ciúme enorme da cumplicidade que a primeira tinha com o pai, e sentia que estava sendo prejudicada na divisão, pois a irmã já teria sido beneficiada pelo pai em vida e, por isso, achava-se no direito de alugar parte do imóvel sem dividir o valor com os demais. Todos concordavam que, enquanto não fosse feita a divisão, João merecia permanecer no imóvel dos fundos, pois teria sido a pessoa que mais se dedicara a cuidar do pai durante sua enfermidade.

Depois de muito tempo atuando nesse processo, que já completava seis anos de existência, a advogada entendeu que a magistrada poderia dar uma sentença, mas que decisão alguma seria capaz de agradar as três pessoas envolvidas no caso, pois a questão trazida ao processo não era o objetivo verdadeiro pelo qual os irmãos disputavam. Por mais que a juíza se dedicasse ao processo, ela não possuía tempo suficiente para entender as questões pessoais que levavam aquela família a litigar.

Foi nesse momento que esta advogada propôs levar o caso à mediação. As três, já exaustas, propuseram às partes um encontro

---

1 Lide é conflito. Segundo Carnelutti, lide é um conflito de interesses qualificado por uma pretensão resistida. https://pt.wikipedia.org/wiki/Lide. Esta página foi editada pela última vez às 17h18min de 18 de maio de 2020.

comigo para tentar resolver a situação. Não foi fácil convencer os envolvidos, mas, enfim, aceitaram, sem muito acreditar que aquilo traria algum resultado.

Marcamos uma data e demos início às tratativas. Expliquei a eles a importância de tentarem chegar a um acordo e como isso seria mais vantajoso para os três do que se submeterem à decisão de um juiz, que poderia não favorecer nenhuma das partes, de modo que só tinham a se beneficiar em tentar uma composição.

Estando concordes, tentamos uma primeira vez. Reuni os três irmãos em uma sala e os parabenizei pela decisão de tentarem uma solução amigável. Eles não se olhavam. Ana chorava o tempo todo e exibia uma mágoa enorme. Maria manifestava fúria no olhar. E, João, por sua vez, não via motivos para brigas, desde que pudesse continuar no imóvel sem pagar aluguel. O resultado foi uma sessão frustrada.

Decidi, então, utilizar a técnica *caucus*[2] na próxima sessão. Chamei as partes para uma nova conversa, insisti no *rapport*[3], parabenizando novamente os envolvidos por terem se disponibilizado a tentar um diálogo e expliquei como seria a conversa individual que teria com cada um deles.

Maria foi a primeira a ser ouvida. Nos quarenta minutos em que falou, ela agia de maneira bastante agressiva. Dizia que a irmã teria ficado com o dinheiro da poupança do pai, que ela estava sendo muito prejudicada, que merecia sim alugar a casa principal e ficar com o dinheiro todo para ela, pois Ana já se teria beneficiado

---

2 Caucus: Uma sessão de mediação acontece entre as partes em litígio, acompanhadas de advogados ou não, e uma terceira figura imparcial, o mediador. Em princípio, esse encontro é realizado em conjunto, mas é possível que o mediador opte por conduzir sessões privadas com cada uma das partes e por igual quantidade de tempo. Essas reuniões se chamam caucus. https://www.media-caonline.com/blog/entenda-o-que-e-caucus-e-a-sua-importancia-na-mediacao/ 15/03/2019

3 Rapport é uma técnica usada para criar uma ligação de sintonia e empatia com outra pessoa. https://www.significados.com.br/rapport/ Data de atualização: 06/02/2017.

de outras formas e João já residia na casa dos fundos sem qualquer custo. Depois de ouvir todas as dores existentes nas queixas de Maria, chamei Ana para conversar.

Foi dedicado à Ana o mesmo tempo de Maria. Ana não se conformava com o fato de a irmã se beneficiar sozinha do imóvel deixado pelo pai. Ela dizia que seu genitor teria batalhado muito para comprar aquela casa e que Maria sempre foi muito ingrata, fez o pai sofrer, agravando a enfermidade que ele tivera antes de falecer. A sessão foi de muita tensão. Fiz diversas anotações sobre o que uma e outra reivindicavam, até que chegou a vez de João.

A conversa com ele foi rápida. Ele dizia estar cansado de sempre ficar entre as brigas das irmãs. Sentia-se um coadjuvante nessa história, pois as duas sempre protagonizavam cenas de ódio e se alfinetavam. E finalizava afirmando que, por ter cuidado do pai durante a enfermidade, tinha o direito de permanecer na casa dos fundos.

Estando todos exaustos, informei que vínhamos progredindo. Comuniquei as anotações que havia feito para melhor conduzir o caso e que, caso todos concordassem, continuaríamos a sessão em outro dia. Todos assentiram.

Passei dias tentando traduzir as mágoas dos envolvidos em uma linguagem menos agressiva e as próximas sessões foram marcadas pela técnica do parafraseamento, ou seja, tudo o que era dito por uma das partes era traduzido por mim e repassado às outras de uma maneira que estas pudessem enxergar a humanidade, a necessidade e o desejo daquela.

Um exemplo de parafraseamento foi quando falei para Maria que Ana se sentia muito triste pela forma como ela havia tratado seu pai, pois sentia que este sofria com o tratamento despendido pela primeira. O que Ana literalmente tinha dito era que a irmã sempre foi ingrata e que teria feito o pai sofrer.

Só o fato de reformular a fala de Ana fez com que Maria refletisse sobre o assunto, sem se sentir julgada, e, desta forma, foi capaz de expressar seus sentimentos mais claramente, afirmando que se afastou do pai por sentir que Ana era a preferida dele, não tendo sido capaz de lidar com esse sentimento. Utilizando dessas metodologias e tomando por base alguns dos ensinamentos de Marshall Rosenberg, no clássico *Comunicação não-violenta*, seguimos as sessões.

Não foi fácil! Foram necessárias várias sessões... Todavia, aos poucos, íamos percebendo melhoras. As partes começaram a demonstrar um semblante mais tranquilo. Depois de algum tempo, já conseguiam se olhar. Mais umas sessões e passaram a se cumprimentar, até que as primeiras palavras esvaziadas de tensão foram trocadas.

Chegar a este ponto já foi uma vitória. A decisão das demais advogadas de tentar uma abordagem diferente daquela que estava sendo utilizada havia seis anos e trazer o caso para uma mediação extrajudicial foi fundamental não só para resolver o processo, mas para devolver o senso de família àquelas pessoas. E isso não tem preço.

Já estávamos tendo avanços importantes com as partes, quando a magistrada sentenciou o processo e, para o desespero de todos, decidiu por extinguir o condomínio e leiloar o imóvel para que a divisão fosse feita.

Nenhuma das partes ficou feliz com a decisão judicial e perguntaram se existia alguma outra forma de resolver a situação. Quando informei que poderíamos chegar a um acordo e pedir à juíza que o homologasse, o que se viu foi uma sensação de alívio vinda de todos os irmãos.

Marcamos uma última sessão para acertar os detalhes. Uma das irmãs se propôs a comprar a fração ideal dos irmãos e todos concordaram. Resolveram deixar o passado para trás e olhar, a partir de então, só adiante, sem remoer as dores de outrora.

O acordo foi homologado e as partes saíram mais felizes e unidas do que estiveram nos últimos seis anos. Tempos depois, recebi uma foto dos três irmãos no imóvel em questão, reunidos para um jantar em família.

Transformar conflitos em diálogo, desatar nós e restaurar laços é o que costumo chamar de mágica. Mas não nos enganemos: é fruto de técnica, empatia e muita escuta.

Era apenas um inventário

Cynthia de Almeida Prado Hervey Costa

Este caso que vou relatar me impactou desde o princípio, fato este que me fez escolhê-lo para registrá-lo nesta obra.

Eu e uma outra conciliadora preparamos a sala para receber sete pessoas. Colocamos cadeiras para todos e sobre a mesa: papéis, canetas para anotação, balinhas, lencinhos, etc., sempre visando o conforto comum. Resolvemos qual seria a forma de trabalhar, as informações que seriam passadas na abertura e quem falaria o quê às partes.

Tudo pronto. Ar condicionado ligado, fomos apregoar as partes. Recebemos todos de forma educada e sorridente, cumprimentando-os para que se sentissem confortáveis. Ao chegar na sala, acomodamos os quatro filhos juntos, a advogada e, na sequência, uma senhora e sua advogada. Eu e a outra conciliadora ficamos mais próximas da porta e do computador.

Os quatro filhos entraram na sala muito tristes, cabisbaixos, bastante abalados com a morte repentina do pai, que já era divorciado há alguns anos. A namorada do pai chegou acompanhada de sua advogada.

A todos informamos sobre as regras da Conciliação, tal como a necessidade de serem ouvidos e que, para tanto, deveriam aguardar sua vez para falar, dentre outras. Ao final perguntamos se havia alguma dúvida.

Dando-se a palavra aos filhos do *de cujus*, o filho mais velho diz que teve que assumir os negócios após o falecimento do pai, embora nenhum deles conhecesse a verdadeira situação da empresa paterna, quase falimentar. O segundo filho, diante deste fato, cumulava seu antigo emprego com a ajuda ao irmão mais velho na empresa ao final do dia. Sentia-se exausto. O terceiro filho não quis falar. O filho caçula, não conseguia falar, chorou durante toda audiência.

Todos estavam inconformados por desconhecerem a verdadeira situação da empresa. Viviam com o pai, sob o mesmo teto, mas não conheciam a realidade.

A namorada, por outro lado, sentia-se excluída, não era reconhecida como esposa do pai. Inúmeras vezes repetiu que os oito, porque ela também tinha duas filhas de outro relacionamento, formavam uma única família.

A primeira medida tomada pelos filhos foi cortar todos os benefícios que a namorada do pai recebia, entendendo que eram descabidos e desnecessários.

Esta era a dinâmica daquelas pessoas.

Ouvimos a narração dos fatos de maneira empática, de forma que todos falassem, bem como suas advogadas e, na sequência, pedimos para conversar em separado com cada parte (técnica do caucus).

Os filhos insistiam no fato de que seu pai e a namorada mantinham apenas um namoro, que jamais se sentiram como uma família. Portanto, não entendiam porque a namorada teria algum interesse em participar do inventário. O filho mais moço, sempre chorando, não conseguiu falar nada.

Quando chamamos a namorada para conversar (em uma sessão individual), ela afirmou que era esposa do falecido, que ela estava ali para que pudesse participar do inventário, diante da morte de seu companheiro.

Retornamos à sessão conjunta e a senhora teve a oportunidade de lembrar aos filhos dele, que a ouviram com muito respeito e atenção, de todos os momentos vividos como uma única família, por inúmeras vezes. Os quatro filhos continuavam com a mesma opinião: que ela era apenas a namorada do pai.

Não houve acordo.

Uma pergunta pairou sobre este caso: por que alguém gostaria de fazer parte de um inventário que só haviam dívidas?

Passado algum tempo, tivemos a oportunidade de participar de uma Constelação (filosofia de Bert Hellinger) com este caso. Ficou demonstrado que aquela senhora não tinha interesse na herança, porque nem havia o que partilhar. Na verdade, o que ela buscava era o seu reconhecimento como parte daquela família, o seu lugar, que até então, não conquistara.

Não cabe ao conciliador julgar nada e sim ajudar as partes para que cheguem a uma solução. É certo que a conciliação deu às partes a oportunidade de conseguirem expor, através de uma boa comunicação, seus pedidos e que assim pudessem visualizar resoluções futuras.

Eu, mãe?

Danilo Martins dos Santos Romero

O grande mérito da mediação é devolver o protagonismo e a responsabilidade das decisões àqueles diretamente afetados pelo problema. E cabe ao mediador criar as condições para que as partes possam se comunicar diretamente, oposto ao que acontece na judicialização (parte – advogado – juiz – advogado – outra parte e vice e versa).

Como mediador, entendo que criar um ambiente onde as partes se sintam seguras para desabafar, explicar os contextos das suas ações é o primeiro e principal passo para se chegar no consenso. Esse ambiente passa por uma sala limpa e organizada, receber com educação as partes, com a consciência de que elas, provavelmente, estão passando pelo maior problema das suas vidas no momento.

Ouvir as partes com respeito, numa postura passiva e sem julgamento, abre a possibilidade de quem esteja de boa-fé se abrir. Permite as partes a oportunidade de elaborar os motivos que as fizeram buscar ajuda; se decorrem de fatos objetivos, ou se os fatos objetivos, apenas mascaram motivos subjetivos, que são as suas verdadeiras fontes de insatisfação.

E foi essa combinação de ambiente seguro, boa-fé e liberdade de expressão que permitiram duas jovens se expressassem diretamente, reconhecessem os papeis e a importância que tiveram uma na vida da outra e se aproximassem novamente.

Isa era jovem e envolveu-se com um rapaz da igreja, namoro bobo, mas que definiu sua vida para sempre.

Após cerca de 06 meses de namoro, Isa engravidou. Durante a gravidez, não teve chá de bebê, festa de revelação, enfeite de porta de maternidade e lembrancinhas para as visitas. Apenas repreensão, o fim do namoro, o seu círculo social se afastando e a família com aquele falso acolhimento "nós vamos te ajudar; afinal a criança não tem culpa".

Até o nascimento, o ex-namorado, firme na doutrina da igreja que frequentava, trazia promessas de que iria assumir o filho (tem certeza que é meu?) e que ajudaria no que fosse necessário (você vai levar adiante essa gravidez mesmo?).

Até que chegou o dia do parto e todas as promessas de tolerância da família e acolhimento da comunidade da igreja sumiram na mesma hora em que o pequeno Theo bradou seu choro e veio ao mundo.

A ajuda do ex-namorado, resumiu-se a colocar seu nome na certidão de nascimento do Theo.

Sozinha e sem a ajuda do ex-namorado para pagar as contas, Isa conseguiu um emprego na mercearia do bairro. Estabeleceu a seguinte rotina: deixava o Theo na creche, ia para o seu trabalho, a avó materna buscava o neto. E a vida se encaminhava para se estabilizar desta forma. Mal sabia Isa!

Bruna, por sua vez, havia se mudado para o mesmo bairro há pouco tempo. Aprendeu a ser sozinha muito cedo e estava bem consigo, obrigada! Assumiu sua homossexualidade ainda adolescente e aprendeu desde então que a leveza de poder exercer sua individualidade sempre viria acompanhada do peso do julgamento, da incompreensão e do preconceito. Beijinho no ombro.

E entre suas caminhadas pelo bairro, entrou no mercado onde Isa trabalhava e a notou. Trocaram poucas palavras e Isa continuou seu trabalho, mas chamou a atenção de Bruna, que passou a frequentar o mercado, mesmo tendo que andar umas dez quadras além do que era realmente necessário.

As conversas ficaram mais longas e Isa passou a ficar cada vez mais confortável com a presença de Bruna. Era um dos poucos respiros do seu dia fora da rotina do trabalho doméstico, do trabalho no mercado e de cuidar do Theo.

Isa começou a perceber o interesse de Bruna, mas nunca havia passado pela sua cabeça relacionar-se com uma mulher. Sempre tivera namorados, se identificava como heterossexual e ainda carregava a carga religiosa, que não era acolhedora em relação a sexualidade, qualquer que seja seu aspecto – nem mesmo nos mais comuns relativos à sexualidade.

O carinho e a sinceridade de Bruna foram algo nunca recebidos por Isa. E foram essas armas que foram minando as resistências e os preconceitos, até o ponto de Isa permitir-se experimentar sua sexualidade de um modo diferente. Um mundo novo abriu-se.

Não havia dogma no relacionamento, não havia culpa o que permitiu Isa encontrar prazer e leveza novamente. Ao contrário do ex-namorado, Bruna se mostrou presente para ajudar a cuidar do Theo, que ainda era bebê quando começaram a namorar.

Mesmo com a convicção da sua sexualidade, tudo era novo para Bruna também. Sempre havia se relacionado com mulheres com experiência de vida parecida com as suas. Isa foi a sua primeira namorada sem a mesma bagagem e, ainda, veio com um filho.

E do encontro de dois mundos completamente diferentes surgiu o amor, ingênuo, curioso, orgânico. Isa dividindo a responsabilidade de criar o Theo e poder viver a sua idade novamente, formar uma nova turma de amigos que não a julgava; Bruna amadureceu, passou a ser mãe também e ter uma família que a acolhia.

E tudo caminhou bem por 07 anos. Theo tornou-se uma criança esperta, sadia, orgulhosa das suas duas mães. Isa se reaproximara de sua família, que aceitou Bruna. Afinal, tudo o que um pai ou mãe deveria querer é que sua cria fosse tratada com respeito num relacionamento. E durante o período que Isa e Bruna estiveram juntas houve harmonia.

Nem todo relacionamento é para sempre e o de Isa e Bruna terminou. Nenhum motivo sórdido, traição, que valesse um escândalo, ou uma nota na coluna social do jornal do bairro. Simplesmente acabou! E o respeito que perdurou durante o relacionamento, manteve-se após.

Como ainda moravam perto, Theo passou a ter duas casas, as visitas eram livres e elas sempre se ajustavam para que cada uma seguisse sua vida. Se esforçaram também para que Theo sempre estivesse com as duas nas datas festivas.

Isa mudou de emprego, passou a trabalhar num escritório de contabilidade e tinha um horário mais rígido. Bruna trabalhava de casa e por ter mais flexibilidade de horário, acabava ficando mais com Theo: buscava na escola, dava de jantar e, durante a semana, para Isa só sobrava o sono do Theo, o cansaço da noite e o sono de preguiça para acordar.

Através desse acordo informal, a vida se encaminhava para se estabilizar assim. Mal sabia Bruna!

Alguns meses depois, Isa recebeu uma promoção e ingressou na faculdade de contabilidade, Bruna perdeu o emprego, aumentando ainda mais o tempo que passava com Theo, marcando as entrevistas de trabalho no horário da escola do seu filho.

E como a fila anda, Bruna teve uns namoricos e Isa passou a se relacionar com um colega da faculdade. Sim, um homem!

Bruna perdeu o chão, um turbilhão de sentimentos a acometeu. Não estava preparada para o novo relacionamento de Isa, ainda mais com um homem. Arremessada para dentro de si ancorou-se no medo e na dúvida. Viu que todo o seu empoderamento mostrou-se fugaz; não tinha emprego, perspectiva e suas convicções estavam abaladas. Afinal, não conseguiu nem "converter" o maior amor de sua vida até então. Esses questionamentos criaram fantasmas na cabeça de Bruna que não ficou bem, mas conseguiu conter essa aflição de todos que a rodeavam num primeiro momento.

Isa caminhava no sentido oposto; estava se estabelecendo profissionalmente, seu novo companheiro a aceitou por completo, nunca a julgou pelo seu passado, demonstrava afeto pelo Theo e ainda tratava Bruna cordialmente, lidando bem com constrangimento natural.

O que não impedia Isa de ter seus próprios questionamentos, pois descobriu que o amor e respeito aprendidos com Bruna, também existia no mundo que a rejeitou quando engravidou do Theo. No entanto, pela sua experiência e sentimento, não via possibilidade em conciliar seu passado e seu futuro com seu novo companheiro, o que foi reforçado quando voltou a frequentar a igreja e a casa de sua família de origem.

Os ensinamentos da igreja no sentido de que aceitava todo e qualquer pecador (desde que ele refutasse o seu passado) aliados ao maior acolhimento de sua família, que se identificava mais com o novo relacionamento, do mesmo tipo descrito nas escrituras, formaram as condições perfeitas para que Isa passasse a criar os seus próprios fantasmas.

Bruna e Isa pararam de se relacionar. Os fantasmas assumiram todas as interações entre elas, numa obsessão passivo-agressiva. A única coisa que mantinha os fantasmas presos em seus corpos era o desejo de proteger Theo das mazelas do mundo, inclusive as delas.

No entanto, os fantasmas cresceram e já não couberam mais nelas, clamando por suas próprias falas. O estopim aconteceu quando, ao buscar Theo tarde da noite, Isa fixou 95 novas teses de como deveria ser o novo acordo entre elas, revogando unilateralmente o que haviam construído.

Bruna iniciaria seu novo emprego na manhã seguinte. A imposição de um novo acordo e a inadequação do momento para tal discussão, já seriam suficientes para libertar os seus fantasmas.

Mas Bruna percebeu, ainda que inconsciente e de forma mal elaborada, que esse movimento de Isa decorreu dos valores de um mundo que declara guerra ao seu mundo, a rejeita, ou, na melhor das hipóteses, não a enxerga.

Essa ácie de Bruna deu uma força e agressividade descomunais aos seus fantasmas e, um a um, foi os despejando em Isa, sem filtro, sem pensar nas consequências. Tudo na frente do Theo! Isa, acuada, tentou devolver os impropérios com mais xingamentos, até que foram apartadas pelos vizinhos.

Te vejo na justiça, disseram.

O problema é que a justiça primeiro reconhece o documento, a forma, o papel.

E Bruna não tinha documento, forma ou papel. A certidão de nascimento do Theo não descrevia os quase 8 anos de convivência entre eles, o carinho e o amor desenvolvidos neste tempo. Havia apenas o nome de Isa e, o daquele ex-namorado dela, depois da palavra Pai.

Não tinha um papel que explicava como foi a união entre elas e como, em conjunto, criaram o Theo e viveram como uma família por todo o período.

Bruna descobriu que todo preconceito que viveu uma vida inteira, também existia na lei. Invisível nas omissões propositais ao não reconhecer os direitos LGTBQI+. Doeu quando percebeu que estava sozinha, sem o reconhecimento da sua ex-companheira. E doeu muito, quando percebeu que naquele instante, a única pessoa que a reconhecia como mãe era o Theo e mais ninguém.

Procurou seu advogado, contou sua história, mas da perspectiva de seus fantasmas. Seu advogado comprou sua briga, pois a causa é justa e ingressaram com as ações de reconhecimento e dissolução de união estável, reconhecimento de maternidade sócio afetiva, regulamentação de visita e oferta de alimentos.

Isa estava assustada. Era mais frágil emocionalmente e a discussão no tom elevado que tiveram foi equivalente a uma agressão física para ela. E queria se proteger; e proteger o Theo de qualquer agressão.

Procurou seu advogado, contou sua história, mas da perspectiva de seus fantasmas. Seu advogado comprou sua briga, pois a causa é justa e ingressaram com medida protetiva, para que Bruna não mais se aproximasse, além de outro pedido de reconhecimento e dissolução de união estável.

Desde 2015, todas as causas de família devem passar por no mínimo uma sessão de mediação antes de o juiz tomar conhecimento sobre o que se trata o conflito. E graças a essa mudança na lei, Isa e Bruna se encontraram cerca de 04 meses após o rompante que as afastou.

Ingressaram na sala onde ocorreria a mediação acompanhadas de seus advogados, evitando até mesmo contato visual entre elas e foram apresentadas a mim que conduziria a sessão.

Iniciei a sessão explicando que ali seria um espaço seguro, protegido pela confidencialidade; que eles não fariam qualquer tipo de juízo de valor sobre o que fosse discutido; que, naquela sessão, elas estavam em pé de igualdade e que não havia um jeito certo ou errado de se expressar, só deveriam manter o respeito na comunicação e evitar falar ao mesmo tempo; por fim, deixei claro que qualquer decisão só seria tomada em consenso, com o auxílio de seus advogados.

"Quem quer começar a contar o que trouxe vocês até aqui?", disse.

Isa e Bruna, tensas, permaneceram caladas, e seus os advogados passaram a atuar no sentido original da profissão, que é a de dar voz a quem precisa; Isa e Bruna se fecharam atrás da fala técnica e da descrença dos advogados de que seria possível um entendimento partindo de lugares tão distantes. A mediação ainda é, inclusive para os advogados, uma novidade no meio jurídico.

Sugeri que seria melhor que elas próprias pudessem contar suas histórias. Afinal, era um local seguro onde Isa e Bruna poderiam falar livremente e diretamente, uma para outra, os motivos que as levaram até ali.

Isa quis falar primeiro. Falou o quanto estava assustada com a agressividade de Bruna, que o rompante e a briga realmente a deixou com muito medo de ser agredida fisicamente; ficou perturbada em saber o quanto de raiva e mágoa estavam dentro de Bruna em relação a ela e que não queria esse tipo de sentimento em sua vida.

Isa reafirmara a justiça da causa, fazendo o seu advogado sentir-se orgulhoso de estar defendo essa questão.

Bruna ouviu calada e trêmula; algumas lágrimas escorreram e, então, pediu a palavra, ainda enxugando o rosto. Tomada pela consciência direta do que mais lhe fazia falta, passou a afirmar que não queria mais saber da vida de Isa, que ela poderia sair com quem quiser, a hora que quiser. "Eu só quero ver o Theo", disse. "Desde a briga eu não tenho contato com ele e isso está me fazendo muito mal, parece que não existiram 08 anos da minha vida".

Bruna reafirmara a justiça da causa, fazendo o seu advogado sentir-se orgulhoso de estar defendo essa questão.

Partindo desse gancho, entendi que seria adequado provocar uma reflexão em Isa, ao perguntar sobre Theo e se ele reconhecia a Bruna como alguém próximo ou familiar.

Isa revelou que o Theo sentia muita falta de Bruna; que perguntava o tempo inteiro dela; que lembrava de tudo e que insistia para ver a sua outra mãe. Indaguei então se Isa considerava Bruna uma boa mãe. Isa respondeu afirmativamente.

Isa e Bruna realmente ouviram o que uma tinha a dizer para a outra. Seus semblantes mudaram, ficando mais relaxados. Nesse momento os advogados entenderam que ambas as causas eram justas e despiram-se de qualquer vaidade e começaram a trabalhar em conjunto comigo para gerarmos opções e apaziguar a situação, buscando dar uma solução jurídica para os 05 processos ajuizados.

Bruna estava mais afoita e externou que seu maior desejo era ter seu nome na certidão de nascimento do Theo. Isa não sabia desse desejo; nunca haviam conversado sobre como formalizar seu relacionamento e esse pedido, naquele momento, estava um pouco distante do que Isa estava disposta a ceder. Isa, então, retraiu e refugiou-se em seu advogado uma vez mais, afinal, não havia sequer cogitado essa possibilidade.

Bruna exaltou-se, pois partiu do princípio de que Isa acabara de reconhecer que ela era uma boa mãe e que o Theo a reconhecia como mãe; a consequência lógica disso era ter seu nome na certidão.

Percebendo o descompasso que a sessão tomara, sugeri ouvir Isa e Bruna separadamente, para tentar entender e equilibrar a expectativa delas ao que já haviam pacificado, bem como o limite que ambas poderiam ceder naquele momento. Expliquei a elas que o tempo concedido a uma, também seria dado a outra.

Isa ficou na sala, enquanto Bruna e seu advogado saíram. Eu e o advogado de Isa passamos a explicar que maternidade socioafetiva era uma coisa nova, que reconhece a parentalidade através do afeto, da convivência, da escolha de uma pessoa sem vínculo biológico de amar outra criança como se fosse sua. Explicaram, ainda, que Theo iria ter duas mães, além do ex-namorado na sua certidão. Mas, que isso não era uma coisa ruim, pois somente acresceria direitos a Theo.

Isa ouviu atentamente e tinha dúvidas. Indagou sobre o que aconteceria se ela se cassasse com seu atual companheiro e ele também assumisse o Theo. Perguntou se "ele viraria pai do Theo e teria seu nome na certidão de nascimento também?". E se "Qualquer relacionamento que eu tiver, vão poder colocar o nome na certidão do Theo?".

Expliquei que não era tão simples assim, pois dependia de alguns fatores para configurar a socioafetividade, como por exemplo, o tempo para fortalecer os laços afetivos, a vontade do atual companheiro em fazer esse pedido, além de Theo reconhecê-lo como sua referência paterna. Mas ressalvou-se que aquele não era o objetivo na ocasião. Lembrei-a que, quem estava fazendo esse pedido era Bruna e indaguei se seria possível atendê-lo nesse momento. Isa, então, pediu para conversar com seu advogado.

Concordei e chamei Bruna de volta, que entrou na sala com o sentimento de que nada iria se alterar. Normalizei o conflito e pedi um esforço para ela entender que seu comportamento assustou Isa; ressaltei que ali seria uma primeira conversa e que tinham progredido muito se considerado o ponto de partida de onde elas haviam iniciado a sessão, estando claro que já estavam mais próximas.

Bruna, então, pôde desabafar sobre o que considerou a maior traição de Isa, que era voltar ao lugar de onde ela considerava que a tinha resgatado: sua família, a igreja e os homens! Nesse momento lembrei Bruna que Isa a havia reconhecido como boa mãe e que Theo sentia sua falta e que isso era um passo importante para revê-lo.

Isa e seu advogado voltaram para a sala, e de forma orgânica, todos começaram a propor soluções para o deslinde do enrosco jurídico que estava formado. O advogado de Isa propôs que as visitas voltassem no regime que era antes da briga. Bruna concordou de imediato.

O advogado de Bruna estipulou uma data de início e término da união estável e solicitou que se declarasse o papel da Bruna na vida do Theo. Isa concordou com as datas, tinha algumas ressalvas quanto ao conteúdo da declaração e, após breve ajuste, assinaram o termo de audiência.

Saíram com o compromisso de buscar em conjunto o reconhecimento da maternidade socioafetiva de Bruna e que Theo tivesse em seus documentos as duas mães.

E Bruna saiu com a esperança de um dia poder falar: sim, eu, mãe! E ter documento, forma e papel.

"Eu precisava ouvir o que eu nunca tinha ouvido em trinta anos de casamento"

Elissandra da Silva Nascimento

Cheguei mais cedo ao fórum aquele dia. Arrumei a sala como de costume e fiquei aguardando a chegada das partes para a sessão de conciliação. Depois de uns quinze minutos todos estavam presentes, dirigimo-nos à sala das sessões.

Acomodamo-nos e assim iniciamos a sessão de conciliação. Apresentei-me e disse às partes que eram bem vindas, fiz a declaração de abertura, informando as regras da mediação sobre todos os princípios sendo um deles muito importante: o da "confidencialidade", e complementei que o meu papel seria apenas intermediar a comunicação entre eles, perguntei se estavam de acordo, ambos disseram que sim, e assim seguimos. Como de costume, na mediação é dada a palavra a quem solicita o pedido e convidei a Sra. Izilda Braga, dona Izildinha, como gostava de ser chamada, para fazer o seu relato.

— Dra., em meados do ano de 1983 eu e meu marido Abraão Lima nos conhecemos e resolvemos nos casar. Mudamos de Estado e viemos tentar uma vida melhor em São Paulo. Aqui tivemos dois filhos, Josimaria e Josemar. Porém, meu marido, por ser de família conservadora, não permitia que eu trabalhasse fora e assim passei a cuidar dos afazeres da casa e dos filhos, submetendo-me às vontades dele, que sempre teve uma visão machista.

— Com o passar do tempo, as coisas foram mudando e eu percebi que as mulheres estavam ganhando mais espaço na sociedade, atuando em várias áreas do comércio, indústria e tantos outros segmentos. Isso me inquietou. Mas infelizmente meu marido não mudava, mantendo sua visão machista e castradora.

— Passado alguns anos, com os filhos já crescidos, compramos uma casa, sonho de toda família e fomos viver lá. Porém, minha rotina não mudava, era sempre a mesma coisa: lavar, passar, cozinhar, cuidar da casa e dos filhos. Eu reconhecia que meu esposo trabalhava duro para nos trazer subsistência, mas eu já estava cansada de viver daquela forma. Sentia-me ainda jovem e cheia de vida, queria ser mais livre, poder trabalhar fora e conhecer outras pessoas.

— Então, uma noite quando meu marido chegou em casa, fui conversar com ele e tentar conseguir seu consentimento para trabalhar. Esse foi o estopim, o início de um desconforto familiar, e tudo começou a desmoronar.

E continuou dizendo:

— Pertencemos a uma religião bem restritiva e cheia de regras. Frequentamos a igreja todos os domingos. Meu marido Abraão segue à risca as regras e isso acentuou sua maneira de enxergar o mundo e principalmente sua relação machista e opressora com relação a mim e ao nosso casamento. Fazendo exigências do tipo: encontrar o jantar pronto, toalhas e sabonete no banheiro, roupas limpas à mão. Caso não fosse como desejava, esbravejava e ficava reclamando.

— O Sr. Abraão olhava para a mulher com certa raiva e deixava bem claro que não concordava com o que ela estava dizendo, achando, como sempre, estar com a razão.

A Sra. Izildinha continuou:

— Um certo dia, cansada e triste, encontrei umas irmãs da igreja e falei do meu desânimo e desejo de mudar de vida. Uma delas me apresentou a possibilidade de trabalhar como revendedora de cosméticos através de revistas próprias para isso. Fiquei empolgada com a possibilidade de ganhar meu próprio dinheiro e ainda poder sair e conhecer outras pessoas.

Ao conversar com o marido, novamente se deparou com uma reação contrária e ele dizia:

— Mulher minha não vai ficar por aí batendo de porta em porta e muito menos falando com estranhos. Isso não vou admitir. Seu lugar é em casa cuidando de mim e dos nossos filhos. Você não vai ficar passeando na rua o dia inteiro.

— Agora a Sra. vê doutora, eu não conseguia fazê-lo entender o meu lado, os meus desejos e isso me fazia muito infeliz. Estou disposta a enfrentá-lo e, se preciso for, vou pedir o "**divórcio**". Aliás é para isso que estou aqui. Nossa filha Josimaria, quando soube do meu desejo, ficou arrasada, afinal são trinta anos de casamento, mas compreendeu minha aflição.

Estava tão desiludida que já não suportava mais nem o toque do meu marido nos momentos de intimidade entre nós.

— Cansei de ser diminuída e humilhada, de não ter apoio nem direito de fazer o que achar melhor para mim e para minha família, e só me submeter aos desejos dele.

— **Por isso estou aqui para pedir o "divórcio".**

O Sr. Abraão pediu a palavra nesse momento, queria expor seu lado, sua opinião sobre o caso.

Ao se colocar ele disse:

— Eu, doutora, não concordo com essas ideias da Izildinha. Vivemos juntos há tantos anos e agora ela só reclama e vive insatis-feita. Fiquei tão incomodado que saí de casa, estou morando num lugar que o pastor da minha igreja me cedeu para ficar por alguns dias até esta situação se resolver.

Como mediadora, tentei resolver o conflito que se apresentava ali. Pedi que não tomassem nenhuma posição se não se sentissem confortáveis. O Sr. Abraão deixou claro que só estava ali por decisão de sua mulher, que ele não queria se divorciar, mas também não demonstrava desejo de mudar de atitude.

A Sra. Izilda ao ouvir seu Abraão foi categórica:

— **Eu quero me divorciar!** Ele respondeu:

— Como você vai sobreviver?

Olhando-a com fúria e tentando intervir toda vez que ela fa-lava.

Mais uma vez tentei acalmar os ânimos, mas sem sucesso. Então resolvi fazer o uso da **"técnica do caucus"**[1].

O Sr. Abraão se retirou da sala e fiquei a sós com a Sra. Izildinha, nesse momento, mais à vontade, ela começou a chorar e disse:

— Tenho vergonha de falar, mas já não tenho vontade de ter relações sexuais com ele, sinto-me mal, sem vontade e sem desejo, mas ele me obriga e aí de mim se não fizer, ele se torna ríspido e agressivo.

Percebi que a pobre mulher se sentia envergonhada de expor sua intimidade daquele jeito. Nesse momento, foi utilizada a **"técnica de validade de sentimentos e o afago"**[2], eu acalentei, confortei e disse que não precisava ter vergonha, pois estaria ali para ajudá-la a refletir sobre o que o fazia bem para ela e se teria possibilidade de recuperar seu casamento de tantos anos.

Encerramos a conversa e mandei chamar o Sr. Abraão. A Sra. Izilda deixou a sala e ele entrou. Começamos uma conversa sobre o que ele pensava de toda essa situação.

Com a voz embargada ele disse:

— Não pagarei pensão para ela.

Então pedi que ele se colocasse no lugar de sua esposa, utilizando a técnica de **"troca de papéis"**[3].

— E se fosse o contrário? Como se sentiria?

Ele ficou pensativo e de cabeça baixa.

Procurei acolher os desejos de ambos para tentar uma reconciliação, porém, não encontrava neles esse desejo. Eu expliquei que nem tudo na vida é perfeito, o amor que tiveram por tantos anos permitiu que construíssem uma linda família com dois filhos: o Josemar e a Josimaria. Quantas coisas boas viveram juntos, mas, em algum momento, esse **"elo se quebrou"**. Por mais que tivessem

---

1   Caucus: conversar individualmente com as partes se necessário.

2   Validade de sentimentos: reconhecer o sentimento da outra parte; Afago: elogio.

3   Troca de papéis: se colocar no lugar do outro em forma de perguntas, perguntaria como você resolveria essa situação?

tentado não era mais possível reconstruir essa união. Apesar de estarem ali assinando um documento, nunca seriam inimigos, pois, tinham filhos, que seriam eternos. Disse, ainda, que após a formalização do documento, eles viveriam suas vidas livres e que nada os impediria de ter uma amizade. O Sr. Abraão suspirou e não falou nada, só abaixou a cabeça. Reuni novamente o casal, chamando dona Izilda para retornar à sala.

O Sr. Abraão, mais calmo, disse que veio de uma família dura, onde o sexo masculino predominava e que na casa dele quem ditava as regras eram os homens, portanto levou isso para a sua família. "Nunca deixei faltar nada em casa, ela tinha uma vida maravilhosa, era bom marido, e não aceitava de forma alguma o pedido de divórcio." E sempre frisava as qualidades que tinha como marido e pai.

Após longa conversa e reflexões, ele admitiu que tinha mais recursos que a mulher, disse também que foi essencial o "papo" e o acolhimento que teve para tomar sua decisão. Não seria digno deixar a mãe de seus filhos, com quem ficou casado por 30 anos, sem nada. Tinha uma proposta para ela.

Respirou fundo e falou:

— Quero pedir desculpas pela forma como a tratei por todos estes anos, pela falta de diálogo. Pagaria uma pensão a fim de que ela pudesse viver de forma digna e que tanto ela quanto os filhos poderiam continuar morando na casa.

Foi com espanto e alívio que a Sra. Izilda ouviu as palavras do marido. Ela ouviu aquilo que precisava ter ouvido nos trinta anos em que esteve casada com ele. Agora era tocar a vida para a frente e se possível sem ressentimentos.

Diante de tanta emoção, percebi os olhos de ambos marejados de lágrimas.

Por fim, ele demonstrava estar muito feliz e ela também. Mas ao mesmo tempo ela se mostrava uma pessoa frágil que levaria muitos anos para esquecer tudo que viveu ao lado do Sr. Abraão. Ambos selaram a paz naquele momento e formalizaram o divórcio.

E foi assim que chegou ao fim. Em cada encontro temos uma

história, o que muda é a forma de como enxergamos e como con-duzimos, muitas vezes um simples pedido de desculpas, um aperto de mão, resolve tudo, e como resolve! Concluo esse lindo conto com uma bela mensagem do psicoterapeuta alemão e filósofo:

"A reconciliação começa em nossa alma.
Quando o que quer que seja que rejeitamos,
ou do qual temos vergonha é reconhecido
e mesmo amado, então nós podemos nos
tornar mais completos e em paz."

Bert Hellinger

Eu tinha apenas um nome...

Daniella Boppré de Athayde Abram

Em uma sessão de mediação que conduzi, conheci uma história que muito me inspirou e me fez pensar que um dia gostaria de escrevê-la. Chegou a hora, fico feliz.

Analisei a pauta, e, conforme atendimento sequencial, minha próxima sessão era uma investigação de paternidade. Fui pessoalmente chamar as partes, pelos seus nomes inteiros. Gosto de fazer isso porque ali já se inicia uma conexão, o que chamamos em mediação de *rapport*.

Imaginei que, mais uma vez, eu iria encontrar um jovem casal e uma criança no colo de um deles. Nas mãos, um teste de DNA prestes a ser revelado. Já atendi vários. Ao chamar os nomes, fiquei surpresa quando dois senhores idosos, acompanhados de seus advogados se levantaram. Um homem, de meia idade, também. Achei que fosse uma coincidência aquelas pessoas terem se levantado. Chamei novamente. Eram eles mesmos. No caminho até a sala eu pensava que deveria haver um erro de digitação e que teria que descobrir do que se tratava.

Com todos acomodados, iniciei a declaração de abertura[1] e um dos senhores, que vou aqui chamar de JOÃO[2], interrompeu-me, dizendo que "estava ali para resolver e lamentava muito o que tinha acontecido". Deixei JOÃO falar para que "se esvaziasse daquela emoção" e conclui a abertura. Explicadas as regras e os princípios da mediação, todos concordaram em participar da sessão. Partimos então para a próxima etapa (reunião das informações).

---

1   A declaração de abertura é o momento em que o mediador se apresenta e apresenta a mediação às partes, com seus princípios e regras e os convida as pessoas a participar desse processo e é extremamente importante.

2   Os nomes verdadeiros das partes, suas idades reais e alguns detalhes foram omitidos para preservar a confidencialidade.

O rapaz, autor da ação, que vou chamar de MAURÍCIO pediu para falar e todos concordaram. MAURÍCIO iniciou sua fala contando que cresceu longe do pai, porque este havia se separado de sua mãe há muito tempo, quando ele era ainda bebê e não houve mais qualquer contato entre eles. O motivo da separação dos pais não foi trazido na sessão e nem cabia a mim perguntar. MAURÍCIO acrescentou que o pai que ele conheceu a vida inteira "era apenas um nome em sua identidade", era apenas um nome: ANTÔNIO, dizendo também o sobrenome. Repetiu, com pesar, que não conviveu com o pai, que seu pai tinha sido, na sua infância e adolescência, apenas um nome em sua identidade.

Continuou seu relato dizendo que em um dia normal de trabalho recebeu uma lista de clientes insatisfeitos para atender pessoalmente. Ao passar os olhos na lista um nome lhe chamou atenção: era o nome de seu pai. Não acreditou no que seus olhos viam! Pegou o documento de identidade e conferiu. O nome não era tão comum e era ele mesmo! Durante seus quase trinta anos ele só tinha um nome", um documento que dizia que ele era filho de ANTÔNIO. Um nome sem rosto, que ele conheceu a vida inteira como "pai". Foi, imediatamente, ao encontro das pessoas que o aguardavam. Identificou ANTÔNIO que confirmou que era mesmo o seu pai e os dois puderam conversar longamente. Tentaram entender os desencontros, ao mesmo tempo em que se sentiam perplexos diante das "coincidências". Usufruíram, naquele momento, da oportunidade que a vida lhes deu para se conhecerem. Combinaram de se encontrar outras vezes.

Chegando em casa, MAURÍCIO contou então para sua mãe o que havia acontecido. Sem maiores explicações, ela olhou o filho nos olhos e lhe disse: "Filho, ANTÔNIO não é seu pai verdadeiro, seu pai é o JOÃO", dizendo o nome completo.

Novamente, MAURÍCIO tinha apenas um nome na mão... e a esperança de conhecer seu pai biológico, suas raízes. Passado algum tempo, resolveu sair à procura dele. Acabou encontrando esse homem (JOÃO) que ficou surpreso com a notícia, mas concordou em fazer o exame de DNA. Deu positivo. Agora eu tinha entendido: estavam comigo na sessão, MAURÍCIO e seus dois pais, ANTÔNIO (o da identidade) e JOÃO (pai biológico). A questão era mesmo uma Investigação de Paternidade.

Neste momento o advogado de ANTÔNIO interrompeu a fala de MAURÍCIO e disse: "Olha doutora, não precisamos nem conversar, porque meu cliente reconhece que não é o pai do MAURÍCIO, o DNA é prova cabal disso". ANTÔNIO assentiu com a cabeça, concordando com seu advogado. JOÃO e seu advogado também assentiram. Se havia concordância de todos, a questão jurídica estava resolvida. Agradeci ao advogado pela informação sobre o resultado do teste. Seria a hora de redigir o acordo.

Mas, havia algo mais do que um pedido de declaração da paternidade, e eu via isso no olhar daquelas pessoas. Verbalizaram a vontade de conversar um pouco mais e falei a todos que poderíamos encerrar quando quisessem, pois, como eu havia dito, a mediação é um procedimento voluntário. Todos assentiram.

MAURÍCIO pediu então para continuar sua história e eu o ouvi descrever muito emocionado o quanto era importante para ele "ser filho de alguém". Falou da felicidade que sentia por ter sido recebido de braços abertos na família de seu pai biológico, JOÃO, aquele que me interrompeu na declaração de abertura. O encontro já havia acontecido. MAURÍCIO queria **"ser filho de alguém e viver isso"**. Isso era o que ele "realmente queria" e precisava, o que em mediação chamamos de "interesse real", e não apenas obter uma sentença judicial dizendo que era filho de JOÃO. Não queria apenas mais um nome no papel.

Sem que fosse necessário eu me manifestar JOÃO, o pai biológico, em resposta ao relato do filho, também muito emocionado, disse o quanto ele lamentava o que aconteceu e o quanto ele queria que esse filho agora fizesse parte da vida dele e da família. A família agora não era só dele JOÃO, mas deles, o filho agora pertencia àquela família. Frisou muito isso. Disse também o quanto ele queria que MAURÍCIO tivesse o sobrenome dele dali para frente. Falou, com lágrimas nos olhos, o quanto estava aprendendo a ser pai de um filho que não viu crescer e que agora, já com quase cinquenta anos e cabelos brancos como os seus, estava conhecendo. O filho concordou, os dois se abraçaram e choraram muito, todos choramos. O interesse real daquele pai, não era só reconhecer juridicamente a paternidade no papel, era reconhecer MAURÍCIO na vida, o que fez. Seu interesse real estava totalmente satisfeito.

ANTÔNIO? Disse que não gostaria que tivesse sido assim, que, apesar da distância e de não ter convivido com o filho, nunca o excluiu da sua vida. MAURÍCIO sempre foi mencionado quando perguntavam quantos são seus filhos e que para ele continuaria assim, ainda que seu nome não constasse mais da identidade do autor. **Ainda se sentia como pai**, e disse que MAURÍCIO poderia contar com ele, caso desejasse. Havia ali uma vontade, um interesse real de **ser validado e reconhecido como pai**, ainda que tivesse sido até naquele dia na forma de um "nome em uma identidade". Havia também o claro interesse de continuar sendo pai, apesar dos desencontros da vida. Esse era o verdadeiro interesse de ANTÔNIO.

MAURÍCIO então honrou ANTÔNIO (fez uma reverência com a cabeça) e demonstrou profunda gratidão por aquele pai, pela honra de ter tido seu sobrenome que carregou até aquela data. A partir daquele dia passaria a ter o sobrenome de JOÃO, seu pai biológico. Disse a ANTÔNIO que também poderia contar com ele e que não se afastariam de novo e que, de qualquer forma, continuariam a ser pai e filho. ANTÔNIO apenas sorriu e disse que entendia MAURÍCIO, pois era capaz de sentir **como** ele sentia. Percebia a força que o sangue representava naquele momento. Aquela pessoa humilde, de muito pouco estudo, deu-me uma grande aula sobre a verdadeira empatia.

A questão jurídica estava resolvida. A paternidade, objeto da ação tinha sido reconhecida. JOÃO agora era legalmente o pai de MAURÍCIO.

JOÃO E MAURÍCIO, agora estavam próximos, e vivendo a nova experiência de serem pai e filho. ANTÔNIO E MAURÍCIO também continuariam convivendo e contando um com o outro. Os interesses reais, princípio e fim da mediação, tinham sido, também, totalmente atendidos.

Questões organizadas e resolvidas partimos para a redação e leitura do acordo.

Após a leitura e já no fechamento, quando eu ia agradecer a todos pela presença e sessão que tivemos os pais disseram estar profundamente agradecidos pelo que viveram naquela sala, pela oportunidade de se encontrarem e conversarem, pelo ambiente que encontraram. Levantaram-se e apertaram as mãos fortemente e as seguraram por um longo tempo umas sobre as outras. Pediram desculpas e se desculparam. Percebi que, talvez, já se conhecessem antes, que havia "mais a contar" naquela história, mas que essa parte pertencia ao passado e não me cabia saber. Era só deles. Seus interesses estavam plenamente atendidos. Então, pude agradecer pela sessão, pelo que vi e aprendi com eles.

Vi pessoas que resolveram suas questões porque foram capazes, cada uma, de escutar e de sentir **como** o outro sentia, a empatia sendo demonstrada em sua realidade e essência. Aprendi que, "apesar de tudo", é possível olhar para o futuro e, assim, "reescrever destinos". Foi memorável para mim e por isso, dentre as tantas outras em que já atuei como mediadora, escolhi escrever essa história.

Naquele dia, testemunhei "a vida em si", a "vida como ela é". Foi um daqueles momentos em que nos vergamos diante das "coincidências do destino", tentando entender os "porquês". Por que MAURÍCIO não conviveu com nenhum dos pais? Por que a mãe não lhe contou sobre seu pai biológico? E, acima de tudo: Por que um produto defeituoso aproximou um filho de dois pais que não conhecia? Não sei e jamais saberei. Só sei que, apesar de tudo, tudo se encaixou como as peças de um quebra cabeça ou os fios de um tecido para que os três se encontrassem e estivessem ali, na minha frente, naquele momento. Lembrei de uma citação de Einstein, "Deus não joga dados", e o que acontecia ali não era obra do acaso. Foi o que me bastou como explicação naquela hora.

E senti-me grata. Grata àquelas pessoas e, principalmente, à vida por ter me permitido escolher a mediação como propósito. Foi essa escolha que tornou possível, a mim, participar daquele encontro. Um momento ímpar na vida daquelas pessoas e, certamente, também, na minha vida.

Faltava apenas uma pergunta

Maria Célia S. Hungria

Não tenho tantos anos nesta profissão, mas alguns atendimentos me marcaram. As vezes por serem inusitados, outras vezes divertidos, e outras ainda, por eu ter uma identificação, não necessariamente pessoal, mas por ter ocorrido caso semelhante com algum parente ou com amigos. Afinal, no fundo, os conflitos são muito parecidos.

Procuro coragem e incentivo para escrever nos meus filhos e nos meus colegas de profissão, que aqui agradeço por ter tido o privilégio de conhecer e fazer parte dessa equipe maravilhosa que estou envolvida. Equipe que acolhe, ensina, recicla, tem disponibilidade e é unida de uma forma única.

Vou contar para vocês um caso que me marcou, talvez pela idade dos envolvidos e pelo sentimento que ainda era latente entre eles depois de tantos anos de convívio.

Costumo chegar com antecedência para organizar a sala em que vamos realizar as sessões. Ligar o computador, organizar a mesa e verificar a existência de todos os itens que dizemos indispensáveis para a sessão. Papel, caneta, grampeador, as tão famosas balas de sabores diferentes (confesso que estou fazendo uma "pesquisa entre as pessoas que são atendidas" para saber a preferência e eu já tenho um *ranking*), lenços de papel, pois nunca sabemos se iremos ou não precisar.

Antes de iniciar o horário determinado pela Pauta, dirijo-me até a sala de espera para verificar quais as partes que já estão aguardando o atendimento. Gosto muito desta parte! Chamo os nomes, confiro a presença, converso um pouquinho, pergunto se sabe sobre a parte contrária, pergunto sobre o trânsito, o clima, e por aí vai... acredito que possa ser um momento de relaxamento. Alguns conversam, retribuem, outros não, pois para muitos é um momento de tensão.

Foi ali, neste momento, que notei a presença de um senhor, com idade já bem avançada, todo arrumado, com o cabelo impecavelmente penteado para trás e fixado com gel, usava um blazer bem cortado e segurava nas mãos um chapéu tipo panamá. Caminhei até ele, conversei um pouquinho, ofereci água e perguntei sobre a parte contrária. Ele respondeu que "Ela" ainda não havia chegado. Pedi que ficasse à vontade e que tão logo fosse o horário marcado, alguém chamaria para a sessão, afinal de contas ele havia chegado com bastante antecedência.

Continuei a conferir os nomes constantes da Pauta e, dado o horário de início, comecei minhas atividades para as sessões. A cada ida a sala de espera notava a presença daquele senhor ali sentado, que para mim, era enigmática.

A pauta costuma ser bem movimentada e cheia e, naquele dia em especial, estava muito "apertada", como chamamos. Todas as partes presentes, sem ausências, sessões demoradas com Termos difíceis e detalhados para serem escritos. Temos que ser cuidadosos e fazer tudo com a máxima atenção, para relatar no papel exatamente a vontade das partes. Não esquecer nada que foi dito nem escrever frases que possam ter interpretação dúbia, afinal de contas, aquele Termo será a base para a sentença judicial, já que deve exprimir de maneira fidedigna a vontade e o acordo a que chegaram as partes, que antes da sessão, estavam em conflito. Ao término de uma sessão, despedi das partes, tomei uma água, um gole de café, muito rapidamente, para dar uma "oxigenada" e segui para chamar os seguintes da Pauta. Qual foi minha surpresa, quando lendo e chamando os nomes, era hora da sessão do distinto senhor! A parte "adversa" era uma senhora linda, igualmente de idade avançada, com um vestido estampado de flores coloridas. Estava acompanhada de uma mulher de meia idade. Informei que infelizmente a acompanhante, que me foi relatado ser a filha do casal, não poderia participar da sessão, pois somente é permitida a presença das partes e dos advogados e, neste caso específico, não havia advogados. Ela deveria aguardar na sala de espera, mas caso alguma parte precisasse conversar ou tirar alguma dúvida com ela, encaminharia ao seu encontro.

Já acomodados na sala de atendimento, iniciei fazendo minha apresentação, expondo o "método de trabalho" e cuidados que deveríamos ter naquele momento, como a altura de tom de voz, usar palavras respeitosas, expliquei sobre a confidencialidade, sigilo, enfim, cumpri o "roteiro" de apresentação com muito cuidado, explicando detalhadamente como seria todo o processo e o trabalho ali na sala. Costumo fazer isso com palavras e termos que imagino sejam de fácil compreensão e alcance das partes. Usar palavras de fácil acesso, palavras de maior compreensão, quando imagino a dificuldade que elas possam ter. Nesse caso específico, tive que repetir algumas vezes, trocar palavras, mudar frases, e sempre confirmar o entendimento delas, porque percebi que uma das partes possuía problemas de audição.

Superada essa fase, passei a palavra para quem havia solicitado a sessão. O senhor começou o relato contando que era casado há mais de sessenta anos com a aquela senhora, que tinham tido quatro filhos maravilhosos, todos haviam estudado, tinham uma profissão, tinham suas próprias famílias e que eles tinham cinco netos. Que haviam passado por muitas coisas boas e outras que não foram tão boas assim. Que a vida toda ele trabalhou muito para dar uma vida "boa" pra sua família, que tinham conseguido comprar uma casa e um carrinho para eles "darem umas voltas" e que agora que estavam "sossegados" a *véia estava distante e não dava mais bola para ele...."* que ele queria se divorciar, mudar-se para João Pessoa e começar uma vida nova lá. Que Ela poderia ficar com tudo que eles tinham e que ele começaria tudo novamente, sozinho. Curiosa, perguntei se ele ainda dirigia o "carrinho", e obtive a resposta afirmativa. Ele havia ido até nosso encontro dirigindo!

Fiquei surpresa. Ele, com mais de oitenta e seis anos de idade e Ela beirando a mesma idade, iriam deixar a vida em comum, e Ele iria COMEÇAR a vida em outro lugar! Para entender um pouco mais a questão e o ponto de vista daquele senhor tão determinado, comecei a fazer perguntas sobre a vida do casal. Ele relatou que se apaixonaram e casaram formalmente no interior do estado, onde se conheceram. Vieram para São Paulo, para "fazer" a vida. Constituíram família, lutaram e estavam juntos em todos os momentos. Ele queria "viver a vida" como disse, agora que poderia fazer isso, alegava que ela não queria mais acompanhá-lo. Ele queria ir para João Pessoa para começar uma vida longe de tudo e de todos. Eu estava impressionada com a determinação daquele senhor, ao mesmo tempo que imaginava o que teria acontecido para que eles se separassem dessa forma depois de uma vida inteira juntos, vivendo com cumplicidade, como havia me relatado. Alguma coisa importante deveria ter acontecido para o rompimento dessa relação, que até aquele momento, não havia sido dito.

Passei a palavra para a distinta senhora que em nenhum momento interrompeu a fala do marido. Com voz branda, suave e serena, concordou com tudo que o seu marido havia relatado, as lutas que travaram juntos, as alegrias, falou sobre os filhos e sobre os netos. Na opinião dela, Ele não seria feliz em João Pessoa, que lá, estaria sozinho e que nos dias de hoje, um recomeço é sempre muito difícil. Que já haviam conversado várias vezes sobre o assunto da mudança, entre eles e com os filhos, mas que o marido era assim mesmo, que quando "enfiava uma coisa na cabeça, não tinha jeito de mudar". Que ele era "de rompante". Ahh, e que Ela não queria o carro não, porque não sabia dirigir. Queria ficar só com a casa com tudo que tinha dentro. Em nenhum momento Ela mencionou o divórcio. Em nenhum momento Ela mencionou a vontade de separação. Eu estava intrigada com o fato daquele senhor querer COMEÇAR UMA VIDA sozinho, e sua mulher estava agindo com a maior naturalidade, como se aquilo fosse normal, um homem com mais de oitenta e seis anos começar uma vida. Em nenhum momento se falou em falta de amor. Imaginei meus pais, com idade semelhante, e querendo se separar. Não teriam condições de começar novamente uma vida sozinhos, não depois de serem cúmplices em uma vida inteira... Perguntei para a senhora se era de seu conhecimento o sentimento de solidão que o marido sentia com relação a ela. E Ela respondeu muito despojadamente e de modo simplório, que ele sentia isso por que Ela dava atenção aos netos, vez que sua filha tinha muito trabalho na empresa em que trabalhava. Que os netos eram pequenos e precisavam dela. Que se ele queria começar uma vida longe, que ele fosse. Que as crianças precisavam dela naquele momento.

O senhor fazia pouco caso do relato de sua mulher, mas ouvia com atenção. Ela descrevia as dificuldades dos filhos para criar os netos frente aos desafios de ter um trabalho e "ser alguém" dentro da empresa.

Além de estar intrigada com a situação, já estávamos há mais de uma hora e trinta minutos, falando, repetindo, checando o entendimento das partes, buscando alegrias de vida em comum, e tentando buscar alguma palavra, algo, que pudesse realmente me convencer da vontade deste casal em se separar. Nenhuma fala até aquele momento me convenceu sobre o divórcio. Pensei na cumplicidade dos dois até na forma de falar. Ele "de rompante", e ela calma e serena. Resolvi, dado o adiantado da hora para iniciar a redação do Termo, e em uma última tentativa de me convencer sobre o divórcio do casal, fazer a pergunta mais óbvia que existe para este caso: "a senhora gostaria de se divorciar de seu marido? Não o ama mais?" E a resposta foi a "deixa". Ela de maneira simplória disse que não queria se separar dele, que o amava, e que não saberia como viver longe dele, mas que ele insistia na loucura de mudar para João Pessoa.

Nesse momento, ouvindo a fala de sua mulher, os olhos do senhor marejaram e ele disse que não sabia daquele relato, que era a primeira vez que a "véia" (ele se referia a ela dessa maneira) estava falando isso para ele. A partir disso, me distanciei um pouco da conversa, ofereci água e disse que iria pegar um copo para mim, sob pretexto de deixá-los conversar reservadamente, um pouquinho.

Mediação tem destas coisas....

Depois de um tempo retornei a sala e retomei a conversa, fazendo a mesma pergunta que havia feito anteriormente para a senhora, para o casal ali presente. Imaginam a resposta? Resolveram dar uma nova chance para o casamento deles. Simples assim! Me disseram que se amavam! Desistiram do divórcio, pediram desculpas pelo tempo que nos foi tomado, agradeceram repetidas vezes pela conversa que tivemos e que, nas palavras do distinto senhor, abriu os olhos dele....

Acompanhei o casal até a sala de espera para o encontro com a filha e pude notar a surpresa dela quando viu os pais de mãos dadas. A filha sorriu para mim e eu retribuí.

Eu fiquei feliz! Exausta, mas feliz. Sentei e desfrutei daquela água que possibilitou o renascimento da relação. Desejo que estejam bem, juntos, aqui em São Paulo ou em João Pessoa, dando continuidade à vida que viveram juntos.

Hércules X Minnie

Renata Pereira Gomes Santos

Sessão das quinze horas. Tratava-se de um pedido de indenização. A reclamante se chamava Maria, e a reclamada se chamava Ana. Apregoadas[1] as partes, compareceram Maria e seu marido Carlos, e Ana, acompanhada de sua advogada, Dra. Estela.

Após o acolhimento inicial, eu me apresento, faço a declaração de abertura, e explico detalhadamente o procedimento, esclarecendo eventuais dúvidas. De início, já observo a tensão das pessoas na sala, o que, de fato é comum, afinal tem-se ali um conflito. Antes mesmo de finalizar minha fala, a Dra. Estela já me interrompe, dizendo que não seria preciso perder tempo, porque Ana não iria pagar nenhum tipo de indenização, não havendo assim a menor possibilidade de composição entre as partes.

Com paciência, agradeci a intervenção da advogada, ressaltando o quão importante é o papel do advogado colaborativo numa sessão de mediação, e passei a palavra para Maria, para que explicasse o porquê desse pedido de indenização.

Maria, visivelmente nervosa, contou que tinha uma cachorrinha chamada Minnie, e que, diariamente seu filho a levava para passear num parque perto de onde moravam. Numa manhã, após o passeio, seu filho voltou muito abalado, Minnie estava muito machucada, porque foi atacada violentamente por um cachorro "de madame", que passeava com o motorista da patroa, e estava sem coleira. Ele tinha pegado o número do telefone da dona do cachorro, que era Ana. Maria imediatamente ligou, e Ana lhe disse que levasse a cachorrinha ao veterinário do bairro, que ela arcaria com as despesas. De fato, Maria levou-a até a clínica, a cachorrinha levou pontos perto do olho direito e Ana pagou os custos do tratamen-

---

1   Apregoar: dizer em voz alta, proclamar, divulgar.

"

to. Algum tempo depois, a cachorrinha teve uma infecção no olho, decorrente do machucado anterior, perdeu a visão e ficou "caolha", tudo por causa daquele cachorro agressivo, que deveria inclusive ser proibido de sair na rua! Diante disso, bastante emocionada, Maria disse que novamente ligou para Ana, pedindo que ela arcasse com os custos de uma cirurgia corretiva, porque a Minnie, tão linda que era, estava muito feia, com o globo ocular deslocado, e que ela merecia tudo o que de melhor o dinheiro pudesse pagar. Ana foi ríspida com Maria ao telefone, dizendo que já tinha pago consulta e etc., e que não iria pagar "plástica" para cachorro, de jeito nenhum. Nesse momento, Maria chorava abertamente, e seu tom era bastante agressivo, dizendo que Ana era uma dessas madames que só se importavam consigo mesmas.

Validando as emoções de Maria, eu recontextualizei sua fala, e passei a vez para que Ana narrasse sua versão do ocorrido. A Dra. Estela disse que ela falaria por sua cliente, que já tinha pago o tratamento da cachorrinha, e que esse pedido de indenização era totalmente descabido, absurdo, tratando-se de verdadeira tentativa de extorsão. Não havia, no caso, nenhum tipo de responsabilidade, já que ambos os cães andavam sem coleira, que o ocorrido foi uma simples briga de cachorro, e que sua cliente já tinha sido muito prejudicada por isso. Não era possível saber qual o motivo da briga, se foi injusta ou não, por razões óbvias.

Notei que Ana estava bem desconfortável, e com o semblante fechado, evitando olhar para os presentes.

Maria retrucou dizendo que sua cachorrinha sempre andava com coleira, e que não conseguia entender como alguém poderia ser tão fria e não demonstrar nenhum amor pelos animais, que em nenhum momento Ana lhe pediu desculpas, ou demonstrou qualquer sentimento em relação ao ocorrido.

Nesse momento, para poder identificar melhor os interesses e sentimentos, senti que precisava estabelecer algum "rapport"[2] com

---

2   Rapport: criar uma ligação de sintonia e empatia com outra pessoa.

Ana, e com gentileza, olhando diretamente em seus olhos, perguntei-lhe qual o nome do seu cachorro.

A advogada ia falar, mas não sabia a resposta, então olhou para Ana, que disse: Hércules.

Aproveitando a primeira inteiração com Ana, eu fui fazendo outras perguntas, e ela, aos poucos, começou a se soltar. Disse que não era ela quem passeava com o cachorro naquele dia, e sim seu motorista, e que ele contou que foi apenas uma briguinha comum, nada demais que justificasse tal machucado. Além disso, tinha certeza que ambos os cães estavam sem coleira, porque o incidente ocorreu no "cachorródromo" do parque, onde só se permite a entrada sem coleira. Disse que num primeiro momento concordou em pagar, mas que depois se sentiu passada para trás. E, principalmente agora, com uma nova cobrança, estava se sentindo explorada.

Maria imediatamente reagiu e disse que não sabia nada dessa estória de "cachorródromo", mas Carlos, seu marido, confirmou com a cabeça. Maria abre o celular, e mostra fotos de Minnie, uma linda cachorra da raça Border Collie, e também fotos dos machucados, o que abala Ana.

Ana diz que não imaginava que tinha sido algo tão sério, e se cala.

A sala fica em silêncio.

Eu pedi a Ana que dissesse como se sentia, agora que tinha visto as fotos e escutado o relato de Maria. Ela começa se desculpando, e dizendo que de fato foi um pouco ríspida, que no dia daquele telefonema não estava num bom dia... havia acabado de despedir o seu motorista, porque há alguns meses tinha ficado viúva, e naquele momento sua condição financeira mudara completamente, e que embora parecesse "madame", não era madame não, e num momento em que vivenciava dificuldades financeiras, até por estar sem plano de saúde (havia perdido o direito ao plano após o falecimento do marido), se sentiu ofendida com o pedido de uma cirurgia daquele valor para um cachorro, visto que ela mesma precisava fazer alguns exames, e estava protelando por causa do custo elevado. Disse, ainda, que Hércules era um cachorro muito educado e carinhoso, extremamente dócil, que era o seu único companheiro, e que ela o amava muito. Não conseguia imaginá-lo atacando ninguém.

A fala de Ana diminuiu a agressividade de Maria, o que percebi, em especial por sua linguagem corporal.

Aproveitando a mudança de clima na sala, passei a fazer perguntas com enfoque prospectivo, a fim de que ambas buscassem soluções para o caso concreto.

Valorizando o fato que ambas amavam seus cachorrinhos, que ninguém se sentia bem com o ocorrido, fui mostrando que ali os sentimentos não eram adversos, mas sim convergentes. Maria, com outra postura, disse que poderia diminuir o valor da indenização, que entendia a dificuldade de Ana. Esta, por outro lado, também disse que se solidarizava muito com Maria, que não fazia ideia da extensão dos machucados, e que estaria disposta a arcar com metade das custas da cirurgia, que se sentia responsável.

Com as duas mulheres praticamente acordadas, enquanto aguardava o retorno da advogada que tinha saído momentaneamente da sala, eu pedi para que Ana mostrasse fotos do Hércules, o que ela, com um sorriso, prontamente atendeu.

Olha que lindo! E mostrou a foto de um cãozinho minúsculo, uma gracinha que não deveria medir mais do que vinte e cinco centímetros.

Na hora, Maria se espantou com o tamanho do bichinho, que era no mínimo dez vezes menor do que Minnie, dizendo que não conseguia nem imaginar como ele poderia tê-la atacado.

Após muitas considerações, chegaram à conclusão que provavelmente Minnie havia se abaixado para cheirar ou até mesmo morder, e só assim Hércules poderia ter alcançado o olho dela.

Com uma visão totalmente diferente, Maria imediatamente disse que não queria indenização nenhuma, que não achava isso correto, e que todo o incidente não passara de uma mera fatalidade.

Ana, por sua vez, insistia em restituir parte do valor da cirurgia, dizendo que após ter conhecimento de todo o ocorrido se sentia sim responsável.

Incrível como a situação se invertera totalmente!

Maria não aceitou a proposta de Ana de jeito nenhum, e o resultado final foi que ela desistiu da indenização, com total anuência de Carlos.

Dra. Estela, ao retornar não entendeu nada, e disse que nunca tinha participado de uma sessão como aquela, absolutamente inusitada.

A sessão, que começou muito tensa, terminou de forma absolutamente cordial e tranquila, inclusive com muitas risadas ao imaginarmos a cena do Hércules atacando a Minnie.

Todos saíram resolvidos, e o conflito pacificado. Ao fechar a porta, com o coração aquecido e um sorriso interno pensei no quanto sessões como aquela fazem tudo valer a pena. E, assim, respiro fundo e me preparo para a próxima!

Mãe é mãe, até na partilha

Denise Quaglia Farias

É com muito deleite que conto para vocês uma história "inesquecível" que vivenciei nessas sessões de mediações afora.

Eu estava pronta para realizar mais uma sessão de mediação. Nessas ocasiões, as partes normalmente costumam chegar com as emoções afloradas, principalmente quando há divergências entre elas.

Neste cenário, costumo enfatizar, logo no início da sessão, que há balinhas no centro da mesa, café e água na mesa lateral, isto para tentar amenizar o clima tenso entre as partes.

Tudo pronto para iniciar a sessão, saio da sala em direção ao corredor para apregoar[1].

Chamo pelo nome completo do autor e de sua advogada. Na sequência, chamo a ré com seu advogado. Estes últimos ainda não tinham chegado, então aguardo trinta minutos, que é o tempo de tolerância necessário e volto a apregoar. Lá estavam a parte ré com seu advogado.

O clima estava bom, o sol entrava pela janela e iluminava toda a sala de modo que nem a luz elétrica era preciso acender.

Já, o clima da sessão não estava tão bom quanto o sol. Uma das partes estava tão tensa, que nem percebia o dia lindo que fazia lá fora.

Começo com as apresentações, falo sobre a mediação, seu intuito, a função do mediador, fizemos combinados, falo sobre os princípios da mediação, que a sessão poderia terminar com o acordo frutífero ou infrutífero, que eu não tinha acesso ao processo judicial e a partir daí, peço que uma das partes conte um pouco da história que o trouxe até ali.

Na abertura da sessão, sempre peço que utilizem uma fala

---

1   Apregoar - anunciar os nomes das partes em voz alta.

mais baixa. Todos concordam de imediato, mas nem sempre cumprem com o combinado. Normalmente, quando o *"bicho começa a pegar"* e, muitas vezes, o *"bicho pega mesmo"*, tenho que relembrar as partes desta regra.

O autor começou a contar um pouco da sua vida até chegar no seu pedido. Trata-se de um senhor, na faixa de seus sessenta e cinco anos ou um pouco mais de idade.

Contou que ficaram casados por trinta anos e que desse relacionamento tiveram dois filhos, um moço e uma moça, atualmente estavam com vinte e oito anos e vinte e cinco anos de idade, respectivamente.

Ele tinha uma voz tranquila e falava pausadamente. Durante a sua fala, percebi que a ex esposa estava com lágrimas nos olhos.

Continuou a sua fala dizendo que tinham sido muito felizes, mas que o casamento tinha acabado já há muito tempo, que eles não tinham mais intimidades, inclusive, que nos últimos dez anos ela dormia com o cachorro em outro quarto.

O pedido dele era para que ela concordasse com o divórcio e a partilha dos bens, pois ele gostaria de seguir sua vida morando sozinho; vender a casa onde moravam e com o resultado da venda, cada um comprar uma casa menor e ele ficaria com o carro, que utilizava ainda para o trabalho e ela ficaria com todos os pertences e móveis da casa, inclusive com o cachorro, que ele abria mão. Ele não levaria nada que estive dentro da casa.

Enquanto ele falava, ela balançava a cabeça num gesto de "não concordando" com o que ele dizia. O que me deixou intrigada porque ela chorava cada vez mais e alto.

Foi realizado o parafraseamento[2] da fala dele. Só que foi aos poucos, pois tive que parar e recomeçar por várias vezes para oferecer um lenço de papel ou uma água para a ex mulher que estava

---

2   Também chamada de recontextualização, essa técnica é aplicável para que as partes consigam entender melhor a ideia de cada uma. Com o parafraseamento, o mediador consegue facilitar uma conversa entre os litigantes, reformulando as frases ditas por eles, sem modificar o conteúdo.

muito emocionada.

Eu confesso que estava muito incomodada com aquele choro, inclusive, tenho certeza que estava sendo escutado na sala ao lado.

Antes dela começar a falar, pediu para ir ao banheiro. E assim foi feito. Aproveitamos para tomar um café.

Após alguns minutos, ela retornou e estava mais calma. Passei, então, a palavra para ela.

Logo que a senhora começou a falar, a primeira coisa que ela mencionou foi a partilha dos bens, com a qual não concordava de forma alguma.

Só que ela discordava somente com relação ao veículo. Não tinha discordância com a venda da casa.

Estava muito emocionada e parava de falar sempre para chorar e limpar suas lágrimas. Foi quando pedi para fazer um *"caucus"*[3].

Eu queria entender melhor se existia algum outro detalhe importante que ela, por qualquer motivo, não estava querendo falar na frente do ex marido.

E assim foi feito; falei primeiro com ela, com quem fiquei quinze minutos.

Ela disse, chorando, que precisava ficar com o carro e com os móveis e que gostaria de dividir somente o valor da venda da casa. Em um determinado momento, indaguei à senhora a razão pela qual era tão importante ela ficar com o carro.

Senhora: "Eu não posso abrir mão do carro, porque quem utiliza mais o veículo, nos finais de semana, é o nosso filho e como ele é... é... é... (e a palavra não saia) - e eu esperando ansiosa - é muito feio, sem o carro ele jamais irá conseguir uma namorada; ele ganha pouco e não consegue comprar um. Também não posso ficar sem os

---

3   O caucus é uma ferramenta utilizada na mediação – Trata-se de um espaço de escuta mais qualificado que pode tornar a sessão de mediação mais objetiva e benéfica. A ideia é que, individualmente, o mediador tenha a oportunidade de aprofundar o seu entendimento não apenas sobre o problema que é objeto da mediação, mas também sobre os aspectos emocionais que podem estar por trás do conflito. https://www.mediacaonline.com/blog/entenda-o-que-e-caucus-e-a-sua-importancia-na-mediacao/

móveis, pois não sei se com o dinheiro da venda da casa eu conseguiria comprar outros móveis". Se ele concordar em me deixar com o carro, assino agora". Nisto, ela sacou uma foto do filho de dentro da bolsa e me mostrou. E, não parou por aí, olhando para mim, ainda perguntou: "Ele não é feio?". Fiquei numa "saia justa".

Tive que dizer que não. Que eu não tinha achado ele feio e que eu tinha a certeza que se tratava de uma pessoa com boas qualidades e que ela deveria destacar para ela mesma, sempre, as boas qualidades dele e o importante é o que vem de dentro das pessoas. Ela balançava a cabeça num gesto positivo.

Depois da fala dela, percebi o advogado contendo o riso. Confesso que quase chamei o advogado fora da sala e dei-lhe uma bronca. Era a minha vontade, mas fiquei somente na vontade.

A senhora deixou claro que não tinha coragem de dizer isto ao ex marido, pois não confiava nele por ser ele uma pessoa muito fofoqueira. Além do que tinha medo dele contar para o filho que a própria mãe o achava feio.

Comprometi-me a não contar nada do que foi dito na sessão privada sobre o filho e perguntei se ela gostaria de fazer uma proposta para o ex marido para ficar com o carro.

Indaguei se os dois já tinham conversado sobre a necessidade do filho em utilizar o carro nos finais de semana. Desta forma, se o ex marido concordasse, ela poderia fazer uma proposta que fosse viável para ambos. Perguntei se ela tinha alguma proposta para fazer com relação a utilizarem o mesmo carro em períodos diferentes. Algum combinado que permitisse isso.

Ela me olhou com um grande sorriso no rosto, dizendo que eu tinha acendido uma luz na cabeça dela e que queria fazer uma proposta para ele.

Durante este tempo, pude entender a necessidade desta senhora.

Fiz a sessão privada com o ex marido, que dizia não entender o porquê de eles não estarem se entendendo com relação à partilha. Disse para ele que ela tinha um pedido para fazer. Que ele tentasse se colocar no lugar dela para poder entender as necessidades e preocupações que ela tinha, preocupações que eram somente dela, mãe. E que muitas vezes não são ditas. E segui conversando nesta linha com ele.

Após o "caucus" com ele, chamei todos novamente para a sala e a senhora estava bem mais calma e sem chorar. Fez seu pedido e acabou dizendo para o ex marido a verdade da razão de querer ficar com o carro. O ex marido torcia o nariz e dizia: *"eu realmente não acho nosso filho feio. Ele é a minha cara. Quer dizer que eu também sou feio?"*.

Ficou um silêncio na sala, todos se calaram.

Achei que a sessão "pegaria fogo", mas, ainda bem que eu estava enganada.

As partes caíram na risada e os advogados também.

Acreditem ou não, ficou um clima bem mais leve e acabaram fechando um acordo que possibilitou o senhor utilizar o carro nos dias úteis e a senhora nos finais de semana e feriados.

Dessa forma a sessão foi encerrada contemplando ambas as partes, permitindo um acordo bom para todos.

Não é na expressão
que se vê o coração

Marta Abid Abdalla

Os mediadores e conciliadores, no exercício de suas funções, se deparam com várias situações e devem exercitar a mente e o coração para não se deixar influenciar, porém nem sempre é possível esquecer algumas experiências incríveis e que ficam guardadas para toda vida. Inspirado em caso real.

Ao iniciar meu trabalho, chego com antecedência ao local da sessão e com muito carinho, verifico se tudo está bem acolhedor antes de chamar as partes para a sala, onde será realizada a sessão. As balinhas nunca podem faltar, assim como água, café e lenços de papel, tudo para que se sintam bem à vontade.

Neste dia, observei a pauta e as únicas informações eram os nomes das partes e o assunto: regulamentação de guarda, sendo a genitora a requerente.

Ao chamar as partes, fiquei surpreendida com a aparência do casal.

Eram bem jovens, ela com aproximadamente trinta anos, aparência bem abatida, muito triste e de cabeça baixa. Aparentava não se alimentar corretamente, e a preocupação visível no seu corpo denunciava que não descansava há muito tempo, e ele aparentemente um pouco mais velho que ela, porém, de fisionomia bem diferente da jovem, um semblante fechado, com os braços cruzados, aparentando estar bravo, muito bravo.

Ambos de nacionalidade estrangeira e acompanhados de seus respectivos advogados, percebi que ele não queria estar ali e não estava disposto a conversar.

Convidei-os a entrar, e ofereci-lhes água, café, deixando-os bem à vontade, acolhendo-os da melhor forma possível.

Diante da hostilidade do jovem, procurei dar uma atenção

maior a ele para que se sentisse mais seguro e tranquilo naquele ambiente. Notei que estava incomodado com aquela situação e fechado ao diálogo, mas com muito esforço aceitou um copo d'água.

Com todos acomodados em seus lugares, iniciei a sessão, deixando-os bem tranquilos, pontuei e esclareci sobre a papel do mediador, o dever da confidencialidade, a imparcialidade, a possibilidade de uma conversa em particular com cada um (*caucus*) e a elaboração de um acordo e/ou seus resultados.

Antes de dar continuidade, perguntei se havia alguma dúvida referente ao procedimento e se podíamos prosseguir, todos se manifestaram positivamente e assim demos continuidade.

Como é de costume, dirigi-me à requerente perguntando em que poderia ajudá-la e o que houve para levá-la a buscar a mediação, e assim aquela jovem, em lágrimas e que se mostrava sem forças, levantou o rosto e pediu em alto e bom tom: "eu só quero meus filhos de volta, ele roubou os meus filhos", e chorou muito.

Procurei confortá-la de todas as formas possíveis e, após uma pausa, pedi para que ela explicasse o que havia acontecido para ela alegar que ele havia roubado as crianças, e a jovem relatou:

— Fomos casados por aproximadamente doze anos, tivemos dois filhos: um menino de dez anos e uma menina de oito anos e, no ano passado, nos separamos. Combinamos que as crianças ficariam comigo, mas no começo do ano ele pegou as crianças e não devolveu e nunca mais as vi.

Após escutar atentamente a jovem, resumi o seu relato, confirmei o entendimento para ela e seu advogado e passei a palavra para o requerido e seu advogado.

O jovem se manteve calado e com o semblante fechado. Perguntei a ele como seria atender o pedido da requerida, devolvendo as crianças para casa da mãe, lembrando que foi o combinado deles quando se separaram. Ele simplesmente disse "NÃO", alegando que ela não era competente para ficar com os filhos, que não tinha condições de cuidar das crianças, trabalhava muito e não ficava com as crianças, não cuidava delas, não dava atenção, e que onde elas estavam ficariam melhor e receberiam educação e atenção.

Observei que a todo momento ele a desqualificava como "mãe", não como pessoa e, antes de minha intervenção, mais uma vez a genitora não se conteve, se levantou e a verdade veio a mesa, e aquela mãe se tornou uma leoa dizendo:

— Sua mãe não é melhor que eu e eu sou a mãe deles.

Naquele momento, os ânimos ficaram aquecidos, pedi calma e respeito de ambas as partes e perguntei, de forma bem sutil, onde estavam as crianças, e foi respondido por ambos que estavam com a avó paterna fora do Brasil.

O genitor pegou as crianças para morar com a avó, em outro país, sem a permissão materna, e este era o motivo do desespero daquela mãe.

Imediatamente solicitei o *"caucus"* (ouvir as partes separadamente), em particular, pois estava claro que a jovem sofria de constrangimento, não falou tudo que precisava ou queria falar e sentia medo. Com certeza havia muito mais a saber.

No *"caucus"*, a genitora chorou muito e desabafou:

— Viemos juntos a trabalho para o Brasil e tivemos os dois filhos. Com o tempo as coisas foram ficando cada vez mais difíceis e ele cada vez mais distante. A mãe dele sempre cobrando o nosso retorno, e que devido a muitas brigas decidiram pela separação. Ele sempre ameaçava levar as crianças para morar com a mãe dele, mas eu não acreditava que o faria.

— No começo do ano ele pediu uma autorização para poder levar as crianças para "visitar" a avó fora do Brasil e na confiança eu autorizei, mas não imaginei que era tudo premeditado para tirar as crianças de mim. Elas já estavam matriculadas na escola e ele tinha participado desta matricula, as aulas começaram e as crianças não estavam aqui e ele não me deixa ir buscá-las.

— Além disso, a avó das crianças não tinha condições de criá-las e educá-las, morava sozinha em lugar precário longe de tudo, longe de escola e o que ele estava fazendo era para puni-la.

A genitora estava com grande preocupação com a escola, pois

além de correr o risco de perder o ano letivo no Brasil, as crianças não estavam estudando lá também porque a documentação da escola estava toda com ela. Diante da aparente crueldade do requerido não hesitei em perguntar se ela tinha sofrido algum tipo de violência doméstica, a resposta foi "não".

Após escutá-la atentamente, garanti o sigilo da conversa privada e chamei a outra parte e o seu advogado.

O jovem, ainda bem fechado, entrou e, observando a desconfiança aparente, o tranquilizei quanto ao sigilo e finalmente se mostrou mais à vontade em falar sem a presença da requerente.

Iniciamos a conversa perguntando sobre as crianças, como elas estavam e que gostaria, se possível, saber mais.

Ele começou a relatar:

— Estamos separados há pouco tempo e ela não tem condições de cuidar das crianças, ela trabalhava muito.

Percebendo que a intenção dele era continuar a desqualificar a genitora, insisti para que ele falasse dos filhos, e, pela primeira vez, o jovem demonstrou tristeza.

Continuou seu relato:

— No início do nosso casamento, resolvemos vir juntos para o Brasil com o objetivo de comprar um imóvel em nosso país, próximo à minha mãe, mas não conseguimos, com o tempo a separação foi inevitável. Não pretendíamos, quando casados, criar os filhos no Brasil, apesar de os filhos serem brasileiros.

Acrescentou ainda que iria comprar o imóvel tão desejado e voltar para seu país como planejado.

Quanto às crianças, alegou que a genitora não daria aos seus filhos a mesma educação que a mãe dele (avó) daria, que ela não tinha tempo para as crianças, que trabalhava muito e que seus filhos ficavam com estranhos ou ficavam sozinhas dentro de casa e que a avó daria a mesma educação que deu a ele, que estava cuidando muito bem, que elas estavam estudando e até aprendendo outra língua e, se a genitora quisesse vê-las, poderia ir a qualquer momento, que não a proibia.

Percebi que havia muita influência da mãe do jovem naquela família e questionei como seria se a genitora levasse as crianças para longe dele e dentre vários argumentos como ele se sentia em saber que os filhos dele estavam a quilômetros de distância do pai e da mãe e dos amigos de escola, mesmo sendo bem cuidados pela avó.

Após uma longa conversa com o advogado e o jovem, perguntei se havia alguma possibilidade de resolver aquela situação, o que foi negado.

Encerrada esta fase muito exaustiva, solicitei a entrada da requerente e seu advogado e, diante daquele quadro, decidi encaminhá-los para a Oficina de Parentalidade, pois estava muito clara a alienação parental, e as partes precisavam de orientação para lidar com a separação, em especial de como lidar com os filhos.

Sutilmente, solicitei a participação das partes para a Oficina de Parentalidade, que aconteceria naquele mesmo mês, expliquei um pouco a importância da participação deles, que os ajudaria a ter a compreensão dos danos que aquele conflito poderia causar tanto para eles como para as crianças e que o aprendizado seria para a vida toda, que os ajudaria a lidar com a separação e com o conflito.

Com a concordância das partes e advogados, os encaminhei e nova sessão de mediação foi remarcada.

Nesta mediação em especial, fiquei na expectativa do retorno das partes da oficina, pois se tratava de duas crianças que estavam fora de seu país, longe de seus pais e amiguinhos, perdendo aulas e uma mãe com o coração partido e doendo de saudades.

No dia do retorno, logo ao chegar, me deparei com as partes, que chegaram com antecedência, percebi que o cenário havia mudado, os advogados conversando e as partes com a fisionomia mais leve, aparentemente mais tranquilas.

Cumprimentei os presentes e dei início a sessão. Estava bem apreensiva, fomos praticamente direto ao assunto, e para a minha surpresa, o jovem não estava de braços cruzados e a jovem não estava chorando.

Quando questionados sobre a Oficina de Parentalidade, responderam que gostaram muito, eu estava na expectativa de saber qual foi o entendimento e aprendizado do jovem, perguntei o que ele sentiu e se havia mudado algo em seu pensamento, se ele teria alguma alternativa para trazer à mesa para a solução daquele conflito e, para a surpresa de todos, ele ainda estava resistente em trazer as crianças.

A jovem ficou mais desolada e iniciou uma conversa com ele, o que foi um grande progresso.

Ela o questionou:

— Como a sua mãe vai sustentar as crianças se ela não tem condições de sustentar a si mesma? Como as crianças vão para a escola se a documentação está aqui? Como vamos viver sem nossos filhos, como nossos filhos irão viver sem nós?

Ele alterou totalmente o semblante, uma mistura de tristeza com dúvida, e respondeu:

— Estou mandando dinheiro para o sustento das crianças e quanto aos estudos também estou resolvendo.

Neste momento, entendi que não deveria deixar as partes continuar com aquele diálogo que os levariam a uma discussão desnecessária, e resolvi chamá-los à realidade e finalizar.

Então disse que gostaria de reforçar que aquele era um momento para que eles solucionassem a vida deles e dos filhos, que eles resolvessem toda a situação e não carregassem aquele peso, aquele problema por um tempo que ninguém poderia prever.

Enfatizei que naquele momento eles é que construiriam a decisão e me dirigi ao advogado do jovem perguntando se ele havia orientado o seu cliente sobre as complicações daquele conflito, pois envolvia menores e se ele pretendia conversar com seu cliente em particular.

Fiz o mesmo com a outra parte e dei uma pausa para que pudessem refletir. Após alguns minutos levantei e pedi os documentos.

Enquanto pegava os documentos e, olhando para o jovem, perguntei mais uma vez:

— Você tem certeza que é isso que você quer para os seus filhos, é isso que você quer para a sua família?

Ele abaixou a cabeça e respondeu:

— Não, não é, eu também quero meus filhos perto de mim, mas temos que ver algumas condições e uma delas é que a mãe terá que se dedicar mais às crianças.

E assim foi finalizado o acordo com prazo imediato para a volta das crianças e uma das coisas mais importantes: as partes voltaram a se falar.

O pai, apesar de toda aparência rude, amava seus filhos e queria o melhor para eles, só estava dividido entre a ex-esposa e a mãe.

O caso da máquina de lavar roupa

Lais Barros

"Um horizonte de possibilidades, significa
todo o espectro de crenças, práticas e
experiências que se apresentam diante de
uma determinada sociedade, considerando
suas limitações ecológicas, tecnológicas e
culturais. Cada sociedade e cada indivíduo,
normalmente, explora uma pequena fração
do seu horizonte de possibilidades."

Yuval Noah Harari

Aprendi com a mediação o significado da frase: Tudo é o que
parece, nada é o que parece. E, com essa frase em mente, me dirigi
à sala de espera das audiências. Um grupo de senhoras aguardava o chamado para a reunião. Não disfarçavam a guerra declarada
contra um senhor. A postura delas apontava para uma execução. O
embate foi ganhando mais volume e começou a incomodar. Pedi
ajuda ao segurança. Veio a ordem de silêncio. No horário marcado,
anunciei as partes. O senhor Antônio se levantou e todo o grupo
também, eram nove pessoas. As Sras. Mafalda e Irene, convocadas
para o encontro, se manifestaram dizendo que fariam o melhor
possível e que trariam boas notícias para o grupo.

Na sala de mediação as partes se distribuíram, em lados opos-
tos. Ao redor da mesa o bloco de papel e um pote com balas, no
centro, faziam uma trincheira entre elas. As senhoras eram as mais
incomodadas. Uma delas balançava muito as pernas e a outra quase
quebrou a caneta de tanto apertá-la, entre os dedos. O Sr. Antônio,
autor do pedido, era o mais tranquilo.

Acolhi as partes, fiz o discurso de abertura e dei a palavra ao

Sr. Antônio:

— Eu moro nessa casa há cinco anos, doutora; nunca deixei comida apodrecer na geladeira, não fica um pingo fora do lugar, depois que eu uso o banheiro, nunca criei caso com o horário das novelas. Quero usar a máquina de lavar. Não entendi por que só eu não posso usar — ele disse, sem acrescentar mais nada.

Passei a palavra para as senhoras.

— Ele só vai usar a máquina quando acertar a colaboração mensal, que está atrasada três meses — disse a Sra. Mafalda.

Eu perguntei como funcionava o uso da máquina de lavar.

— Cada morador tem duas horas, por semana, para lavar a sua roupa — disse a Sra. Mafalda.

— Como ele está em débito, não vai usar a máquina — completou a Sra. Irene.

Perguntei o que estava incluído nessa colaboração mensal. Elas responderam que era um dinheiro para compra de produtos de limpeza e manutenção da área comum. Também disseram que o imóvel foi uma doação e que tinham água e luz pagas por uma entidade. A cozinha, dois banheiros, lavanderia e um pequeno quintal, eram parte dessa área comum; os moradores dividiam duas geladeiras, dois fogões, a máquina de lavar roupa e uma televisão. Mencionaram que havia um revezamento para uso dos fogões, e da máquina de lavar.

— Quantos moradores tem na casa? — Eu perguntei.

— Dez! Você não viu o pessoal, lá fora? Vieram todos. Só assim para o Antônio tomar vergonha na cara — respondeu a Sra. Irene.

Perguntei qual era o valor devido.

— Trezentos reais — disse a Sra. Mafalda.

Uma certa exaltação tomou conta do Sr. Antônio. Ele olhava para a Sra. Mafalda como se aquilo fosse um enorme absurdo.

— Passei por um momento difícil e precisei usar esse dinheiro para comprar remédio, doutora! Olha aqui as receitas — disse o Sr. Antônio, desembrulhando algumas receitas médicas, sobre a mesa.

— Doutora, ele sempre atrasou a colaboração, por isso decidimos proibir o uso da máquina de lavar — disse a Sra. Mafalda.

O Sr. Antônio pegou uma folha de papel e começou a listar alguns nomes. As senhoras observavam em silêncio, como se estivessem curiosas com aquilo.

— O Sr. tem alguma coisa a acrescentar? Perguntei, observando a lista, na mão dele.

— Sim! Essa é a lista de pessoas que atrasaram a colaboração e nem por isso foram punidas — e apresentou nove nomes de moradores, escritos no papel.

— Pelo que eu pude entender essa taxa é um combinado, entre os moradores. Existe alguma regra dizendo que quem não paga a colaboração não pode usar a máquina de lavar roupa? Ou assistir televisão? Ou frequentar o quintal? Perguntei.

— Isso vai da consciência de cada um, doutora! Não fixamos regra — respondeu a Sra. Mafalda.

— Entendi que o Sr. Antônio pediu esse encontro para esclarecer qual o critério para ele estar impedido de usar a máquina. As senhoras poderiam me dizer se existem outras situações, além dessa, em que ele ficaria impedido de usar?

— Bom, pela falta de cuidado com a máquina. — respondeu a Sra. Irene.

— Poderia me dar alguns exemplos? — Perguntei.

— Claro! Deixar a máquina suja, colocar cobertores e colchas na máquina - afirmou a Sra. Irene.

— Você lembra quando a Maria Luiza lavou os panos de chão na máquina? Que nojo — completou a Sra. Mafalda.

— Entendi. Existe algum comunicado informando tudo isso, inclusive, como no caso do Sr. Antônio, que quem não colabora com a arrecadação de limpeza não pode usar a máquina? — Perguntei.

— Não, todo mundo sabe! Respondeu a Sra. Mafalda.

Olhei para o Sr. Antônio e perguntei se ele sabia dessas regras.

— Não sabia, não, doutora! — Respondeu o Sr. Antônio.

Nas palavras de O Talmude: Não vemos as coisas como elas

são, nós as vemos como somos. Não ouvimos as coisas como são, as ouvimos como somos. Refleti um pouco sobre o caso. Moravam nessa casa, doada pelo sindicato da classe de trabalhadores ao qual pertenceram. Mafalda e Irene tinham o perfil de líderes do lugar. Mostravam-se duronas e prontas para levar o caso ao juiz. O Sr. Antônio, falava baixo e ajeitava, com elegância, a peruca castanho escuro que insistia em escapar da cabeça. A Sra. Irene entregava a vaidade, no batom rosa, que retocava, sem espelho, com o treino de quem estava acostumada a se maquiar. O Sr. Antônio a observava com uma certa admiração. Dava para perceber algo diferente no seu semblante, quando a Sra. Irene apontava o dedo para ele e repetia a condenação: Não vai usar e ponto! Ele demorava um tempo para reagir, como se as palavras dela o hipnotizassem. Entre uma fala e outra, o Sr. Antônio me surpreendeu com um convite:

— Irene, podemos jogar carta, essa semana?

A Sra. Irene fez um olhar de descaso, como quem recebe esse tipo de convite com frequência, e disse:

— Vamos focar no assunto, Antônio!

— Lá vem ele querendo mudar a conversa, doutora! — Completou a Sra. Mafalda.

— Tá bom, tá bom! Como eu faço, então, para usar a máquina? — Perguntou o Sr. Antônio.

— Paga o que você deve! — Afirmou a Sra. Mafalda.

— Eu posso pagar os trezentos reais, em seis meses, e metade da taxa de colaboração mensal, até acabarem as parcelas.

As senhoras se olharam como se não acreditassem no que estavam ouvindo. O que fariam com a artilharia pesada que trouxeram para o encontro. Vieram no galope da razão, acima de qualquer coisa, e agora recebiam uma oferta que exigia uma postura além da razão, a postura de ceder ao embate e construir um acordo.

— O que as senhoras tem a dizer sobre a proposta do Sr. Antônio? Perguntei.

— Antônio, nós queremos um compromisso de que você vai pagar esse valor, mais a colaboração do mês — Determinou a Sra.

Mafalda.

— Ou eu pago uma coisa, ou pago a outra.

— Eu sabia! Não vai adiantar! — Disse a Sra. Mafalda.

— Sr. Antônio, em quantas parcelas o senhor conseguiria pagar o valor atrasado, junto com a colaboração do mês?

Ele pega a calculadora, faz algumas contas, olha as receitas médicas e anuncia:

— Pago em dez parcelas de trinta reais mais a colaboração mensal de cem reais.

— Como seria para as senhoras se ele pagasse os trezentos reais, em dez vezes de trinta reais, mais a colaboração mensal? — Perguntei.

— Se ele não pagar, fica sem usar a máquina, de novo — disse a Sra. Irene.

— Sr. Antônio, o senhor concorda? — Perguntei.

— Eu vou pagar, direitinho — disse o Sr. Antônio, sem disfarçar um certo interesse pela Sra. Irene.

— Posso redigir o acordo? — Perguntei.

— Pode, sim, doutora! Quero escrever que elas vão colocar um aviso com as regras sobre o uso da máquina, geladeira, fogão, televisão, quintal, banheiro para todos os moradores — afirmou o Sr. Antônio.

— Sra. Mafalda e Sra. Iene, as senhoras concordam em colocar esse item, no acordo?

— Sim. Ótima ideia! Vai ser mais um lembrete para o Antônio não esquecer de pagar o que deve! — Disse a Sra. Mafalda.

Digitei o Termo do acordo, todos assinaram. Não sei que movimento o Sr. Antônio fez, a peruca escapou da cabeça dele e testemunhamos ela voar para além do pote de balas e aterrissar em frente a Sra. Irene. As duas caíram em uma gargalhada gostosa; eu me esforcei, no limite da minha competência, para não rir de uma cena como aquela. O Sr. Antônio esticou a mão para pegar de volta a peruca e foi interrompido pela Sra. Irene:

— Antônio, se você quiser jogar carta, vai ser sem peruca!

O Sr. Antônio riu.

As partes reconheceram a responsabilidade de cada um, ajustaram seus interesses e um novo horizonte de possibilidades apareceu.

O caso do avô

Débora Ferreira Sellan

Era uma tarde de quinta-feira, véspera de feriado, mais ou menos às quinze horas e quarenta e cinco minutos e os próximos a chamar seriam às dezesseis horas.

No corredor principal rumo ao saguão de espera, faço pequena pausa para um gole d'água no bebedouro. De repente, um senhor alto e bem-arrumado caminhava no sentido contrário.

A distância entre nós diminuía a cada passo alcançado daquele longo corredor principal.

O senhor pergunta: "que horas são por favor?"

O relógio analógico cromado de pulso apontava quinze minutos para às dezesseis horas e assim foi respondido.

Meio àquele olhar apreensivo, era visível que aquele senhor não sabia para onde ir e sussurrou "serão os quinze minutos mais longos da minha vida".

Em acolhimento àquela fala, eu perguntei o seu nome e imediatamente consultei a pauta que trazia em mãos. O nome daquele senhor constava nela como solicitante da reunião das dezesseis horas.

Coincidência! Disse-lhe esboçando um sorriso.

O senhor é o próximo que eu vou anunciar.

Eu perguntei se ele sabia dizer se a parte convidada já tinha chegado, contudo, preocupado respondeu: "não sei, mas posso esperar por aqui"?

Era um conflito manifesto[1].

---

1   Conflito manifesto: "Assim é que quando um conflito, seja ele latente ou manifesto, o fluxo natural do diálogo é interrompido. Tal fato acarreta falhas de comunicação, que muitas vezes resultam em interpretações equivocadas ou intenções atribuídas que levam a mais conflitos manifestos." Sampaio, Lia Regina Castaldi e Neto, Adolfo Braga. O que é Mediação de Conflitos. 1ª ed., São Paulo: Editora Brasiliense, 2017, p.33.

Para evitar que ele pudesse se encontrar com a parte convidada no saguão, eu o levei até uma sala de espera dentro do setor onde são realizadas as reuniões e pedi para ele me aguardar ali sentado.

Chegou a hora de saber se a reunião das dezesseis horas iria acontecer.

Anunciei o nome da parte convidada, um jovem rapaz se apresentou, confirmei o nome dele e o convidei para me acompanhar.

Em poucos segundos encontraríamos com aquele senhor que nos aguardava para o início da próxima reunião.

Observei novamente o motivo da solicitação – **"Visita"**.

Estávamos diante de um conflito manifesto sobre o direito de visitar alguém, quem?

Ao chegarmos na sala, rapidamente o senhor olhou para mim e viu comigo a parte convidada.

Convidei-os gentilmente para entrar na sala que se encontrava disponível e arrumada para receber aqueles que seriam os protagonistas da reunião das 16:00 horas.

Todos se acomodaram, realizei a minha apresentação e a declaração de abertura. A técnica inicial dos métodos adequados de solução de conflitos.

É na declaração de abertura que os participantes fazem um acordo tácito sobre o regulamento do procedimento da mediação judicial ou extrajudicial. É uma técnica importante porque sendo bem realizada é o momento em que o mediador cria um vínculo de confiança e promove responsabilidade entre as partes.

Em seguida, todos foram convidados a iniciar a reunião dizendo o motivo que os traziam ali.

Quem começou a falar foi o senhor, que inicialmente de visível olhar apreensivo e fragilizado agora era mais firme e forte diante do convidado. Iniciou a sua fala dizendo que estava ali para buscar o direito de visitar o seu neto de quatro anos de idade.

Aquele senhor, era o avô, que sem desviar o olhar para o rapaz sentado à sua frente eu ainda não sabia se ele era o seu filho.

Após o término da fala do avô e antes de passar a palavra para o rapaz, perguntei: "esse é seu filho"?

O avô olhou para o rapaz e sem dizer uma só palavra balançou a cabeça afirmando que sim.

O conflito era entre pai e filho.

O avô continuou sua fala, nervoso dizia que não podia mais visitar o neto, que estava com muitas saudades da criança e queria acompanhar o seu crescimento. Que o filho o proibiu de levá-lo na sua casa e de passear com ele no shopping. Que esses passeios eram comuns até serem interrompidos por causa de uma discussão entre eles.

Encerrando a fala do avô foi passado a vez para o filho, que nervoso com aquela situação falou com tom de voz ríspido que seu pai era uma pessoa muito difícil de lidar.

Ele dizia que não perdoava o pai e continuou a sua narrativa indignado com a péssima atitude dele de levar o caso para a justiça. Que ele foi notificado no endereço da sua empresa e precisou explicar para a sua chefe o que estava acontecendo.

Muito constrangedora essa situação, relatava o filho com olhar de fogo para o seu pai.

Falou, ainda, que nunca proibiu o seu pai de visitar o neto na casa dele.

Nesse momento, a avô interrompeu, dizendo que não aceitava visitar o neto somente na casa do seu filho.

Foi solicitado calma para o avô e fui prontamente ouvida.

O filho continuou. "Meu pai é controlador!! A minha mãe era a única pessoa que conseguia equilibrar a nossa relação, mas depois que ela faleceu ficou impraticável a nossa convivência social."

Ele falou também que tinha uma irmã, que apesar de não a encontrar com frequência tinham uma boa relação.

O avô retomou a fala, repetia incansavelmente que estava ali para ter o direito de ver o seu neto crescer.

A reunião foi muito dinâmica, todos tiveram o tempo que precisaram para protagonizar as suas histórias. Eu ouvia e observava atentamente cada emoção que cada um trazia consigo.

Alguma coisa de muito grave aconteceu para mudar completamente a relação desse pai e filho, pensei.

O filho continuou dizendo que o seu pai desobedecia às suas ordens na educação da criança. Que ele oferecia sorvete ao neto mesmo sabendo que a criança ficava resfriada com muita facilidade.

Reclamou, ainda, que o avô mimava o neto dando-lhe presentes todas as vezes que iam ao shopping.

O filho recriminou todas essas atitudes e disse que nem ele e a esposa aceitavam que o filho deles fosse educado daquele jeito.

Uma pausa na fala dos dois, então eu disse: "vocês têm tudo para serem felizes e precisam encontrar uma forma de lidar com tanto amor que se discute nessa reunião".

Com essas palavras, aos poucos, fui suavizando os corações dos dois, pedia sempre paciência e calma.

O filho disse que o seu pai sempre preferiu a irmã a ele.

Um sinal... guardei aquela mensagem.

Disse que não confiava em deixar o seu filho com o seu pai por que ele temia por vingança.

Em quase cinquenta minutos de conversa o filho pôs-se a chorar, surpreendentemente, o pai ameaçou a se levantar e pediu para terminar logo com tudo aquilo que estavam discutindo.

Foi então, que com calma eu pedi que ele se sentasse e foi iniciado o trabalho de "caucus".

O "caucus" é a técnica de conversa privativa com as partes em separado.

Eu convidei o avô para aguardar do lado de fora da sala por dez minutos para que a conversa fosse iniciada com o seu filho.

O filho, com os olhos cheio de lágrimas, confidenciou que o seu pai queria que ele fosse uma menina e que nunca aceitou o fato dele ser um menino.

Disse, ainda, que o pai sempre quis se intrometer na vida dele por que não queria vê-lo feliz. Que ele tinha se casado, era bem sucedido e tinha constituído uma linda família.

Comentou, que a sua mãe antes de falecer, disse: "filho, perdoa o seu pai".

Incansavelmente, com a voz ainda embargada, falou da sua mãe, que ela era uma pessoa maravilhosa, amável, dedicada a família e que o seu pai não a merecia.

Ele falou sobre a discussão que rompeu a comunicação entre eles dois. Era um dia de domingo e todos se reuniram para almoçar na casa do avô. O filho foi até um móvel da sala e pegou uma caixa de fotos que estavam guardadas. Separou algumas fotos da sua mãe e pediu para o seu pai deixar levá-las consigo.

Quando o seu pai viu as fotos da sua mulher separadas nas mãos do filho começou a gritar e dizer palavras horríveis, esse foi o motivo.

Tudo por ciúme. Ele sempre teve ciúme da nossa relação.

Todos presenciaram aquela discussão, neto, esposa e que depois desse fato cortou a relação com o seu pai.

Ele disse, ainda, que o filho pedia pelo avô e o pai respondia que o vovô tinha feito uma coisa muito feia e que podia visitá-los na casa deles.

Era visível que a criança e o avó conviviam e eram felizes.

Eu perguntei se ele aceitaria deixar o seu filho visitar o avô na casa dele e então ele respondeu que sim, mas na presença da babá, visita assistida.

A visita assistida é utilizada pelos juízes quando existe a necessidade de proteção do menor devido a maus tratos.

Encerrado o "caucus" e em respeito o princípio da confidencialidade, foi perguntado ao filho se ele autorizava eu dizer alguma coisa do que foi dito para o seu pai, ele prontamente respondeu que sim.

Chegou a vez do avô, inicia-se o "caucus".

Eu perguntei: "como é a relação com o seu filho?"

"Nunca foi boa!" O que confirmou o relato do filho.

O avô começou a falar da falecida esposa, como os olhos marejados de lágrimas disse que a amava muito e que ela faleceu de infarto. Disse que o filho e ela tinham uma relação de muito afeto.

Nessa fala, não percebi mágoas com a sua falecida esposa.

Foi perguntado sobre a filha e então começou uma nova história.

"Ah, minha filha", suspirou, "nós quase a perdemos quando ela era bem pequena. Ela teve uma doença muito grave, mas encontramos um bom médico que agiu rapidamente evitando a sua morte."

Nas lembranças, dizia dos momentos difíceis e de muita dor que todos passaram juntos, inclusive o filho. "Num certo momento eu chorava muito e de joelhos clamava à Deus para a minha filha não morrer. O meu filho assistiu aquela cena sentado de frente para mim. Quando eu vi, chamei-o, mas ele saiu correndo".

Agora, bem mais calmo, dizia que sofria muito por viver essa situação com o filho. "O que eu fiz de errado para ele ser revoltado comigo", dizia.

Ele relatou, que tinha feito de tudo para alcançar a paz com o filho.

Ouvindo atentamente aquela história comentei. Talvez seu filho achou que a sua vontade fosse que ele tivesse nascido uma menina.

Nesse momento, o pai fitou o olhar para mim e disse: "uma menina? Não? Eu e a minha esposa já tínhamos recebido o dom de ser pais de uma filha quando o nosso filho nasceu".

Surpresa com a resposta, eu pensei, se o filho era o caçula por que ele achou que o pai queria que ele fosse uma menina? Voltei a escutar ativamente o avô.

A escuta ativa é a mais importante e poderosa técnica da mediação.

Eu perguntei ao avô se ele aceitaria receber a visita do seu neto na presença da babá na casa dele.

Ele, imediatamente, perguntou: "ela vai ficar em casa com a criança o tempo todo"? "Sim", respondi.

De jeito algum, respondeu o avô!

Perguntei: "o senhor não gostaria de ao menos fazer um teste por três meses?" "Não, essa proposta é humilhante", respondeu.

Não tinha mais nada a ser feito naquele momento, pensei.

Chegava ao fim da reunião tão carregada de fortes emoções e sofrimento.

Todos novamente reunidos na sala iniciei o encerramento da audiência.

Agradeci a presença e participação de todos naquela reunião.

Imediatamente o filho olhou e sem jeito perguntou para mim: "Por quê? Ele não aceitou a visita da forma que eu propus?"

A resposta dada foi: "não, o seu pai não quer mais te ver sofrer e para ele visitar o seu neto na presença da babá é humilhante".

Nisso, ao olhar para a avô, ele estava com os olhos cheio de lágrimas.

Encerrado a reunião, todos assinaram o termo de infrutífera, sem acordo.

O avô se despediu de mim e acenou para o filho sem dizer uma palavra.

Saiu triste e de cabeça baixa.

A sala novamente estava arrumada para as reuniões do dia seguinte, passado dás 17:30 horas, o filho ainda permanecia no local e esperava a impressão da declaração de presença para apresentar junto a sua empresa.

Os olhares se cruzaram, eu e aquele jovem rapaz.

Um suspiro, um chamado. Eu me aproximei e disse: "o seu pai e a sua mãe já tinham tido uma filha menina quando você nasceu".

Ele pareceu não entender aquela afirmativa, olhou para mim e perguntou: "o que ele queria com 3 meses? Eu vi anotado no seu rascunho."

Eu respondi: "seu pai não aceitou a visita assistida, se sentiu humilhado. Percebi que ambos queriam a mesma coisa, se aproximarem. Para verbalizar os desejos de vocês perguntei se ele aceitaria fazer um teste por 3 meses sob a sua proposta, mas ele não aceitou."

Na abertura de declaração, foi informado que aquela audiência era pré-processual, ato voluntário, com o acordo não formalizado entre as partes o processo é encerrado.

Então, o filho me disse: "Ele vai entrar com o processo judicial, tenho certeza."

A minha resposta foi: "Não, não vai, sabe por quê? Por que ele te ama e não quer te ver sofrer."

Passado o feriado, na semana seguinte, recebi uma ligação do fórum e me perguntaram se eu me lembrava do caso do avô e do filho.

Um susto, um frio na barriga e então respondi, sim, me lembro!

O avô ligou para dizer que o seu trabalho não foi em vão!

Que o filho ligou para o pai no dia seguinte, reconciliaram e restabeleceram a comunicação. Disse que passaram o feriado juntos numa fazenda, felizes e que foi o melhor feriado de toda a vida dele. Ele disse que resolveu ligar porque não queira deixar de manifestar a sua felicidade e de agradecer a todos.

Segredo do cofre

Janda Thibes

A **questão**[1] a ser mediada era uma revisão de pensão alimentícia. Mais uma, como tantas? Não, não era, como pude ver no decorrer da sessão. Foi por isso que escolhi esta dentre tantas outras mediações emblemáticas na minha trajetória como mediadora.

Os **protagonistas** um casal, que vou aqui chamar de João e Maria[2], divorciados há mais de sete anos, com dois filhos menores, um de quinze anos e outro de nove anos[3] estando as duas partes acompanhadas por suas advogadas. Chamou-me a atenção o fato de as partes estarem presentes, mesmo as procuradoras tendo poderes para transigir (fazer acordo) em seus nomes. É comum as partes não comparecerem nestes casos, porque preferem evitar o "confronto direto", mandando os advogados para os representarem na sessão.

Após as devidas **apresentações**, soube que não era a primeira vez que Maria ajuizava uma revisional para aumentar o valor dos alimentos, pois já havia sentença e diversos recursos. O ex-casal já havia participado de algumas sessões de mediação antes buscando a resolução daquela mesma questão familiar.

Iniciei então a **declaração de abertura**, momento importantíssimo da sessão de mediação, quando reiterei os princípios do **CIVA**, **C** de Confidencialidade, **I** de Imparcialidade, **V** de Voluntariedade e **A** de Autonomia. Os mediandos concordaram em participar e passamos para a **etapa de reunião de informações**, momento em que "as partes" falam livremente sobre a questão que os trazem para a sessão.

---

1   As palavras em negrito são referentes as fases, ferramentas e técnicas da mediação utilizadas na sessão e outras importantes para o entendimento do texto.

2   Nomes fictícios para a preservação da confidencialidade.

3   As idades também foram alteradas pelo mesmo motivo.

Começamos por Maria, detentora da guarda e representante dos filhos menores. Estava ali porque o ex-marido, apesar de pagar mensalmente a pensão, não lhe comunicava quando recebia aumento nos seus vencimentos. Reclamava que essa omissão no repasse do reajuste do salário por parte de João significava prejuízo para os filhos. Era isso que a incomodava.

João, o pai, disse que nunca faltou com o pagamento da pensão. Era "uma questão de honra" porque ele tinha todo interesse em ver os filhos sempre bem. O aumento no salário era tão baixo que preferiu continuar suprindo as necessidades dos filhos quando estavam em sua companhia, comprando várias coisas "por fora" e que por isso não tinha mencionado o pequeno aumento que havia recebido.

Olhei para as advogadas, elas assistiam a fala dos mediandos e agiam de forma muito colaborativa. Deixavam que as próprias partes, que são as protagonistas na mediação, falassem livremente, o que fez com que a sessão fluísse bem.

Afiando minhas ferramentas de mediadora, passei a **observar a comunicação não verbal dos mediandos**, especialmente, a postura e o olhar. Vi que eles se entreolhavam de vez em quando. Percebi que ali poderia haver um interesse ou uma necessidade não verbalizados, que talvez eles não estivessem confortáveis para compartilhar na sessão conjunta.

Neste momento, usando as técnicas do **resumo e da paráfrase** chamei a atenção para o que havia de comum e especial entre eles: o amor pelos filhos, traduzido no desejo de bem estar e de suprimento de todas as necessidades deles. Eles aquiesceram imediatamente.

Continuei minha fala, dizendo que parecia que ambos queriam ver suas boas intenções compreendidas, eu percebia neles o sentimento de frustração e tristeza, por se sentirem rotulados e mal interpretados, o que era resultado da comunicação truncada que existia naquele momento. Nova aquiescência dos dois.

Em meu íntimo sentia que tinha algo mais a descobrir e então relembrei que havia dito na declaração de abertura que seria possível solicitar uma reunião privada, chamada tecnicamente de *caucus*, que serve para que cada mediando possa falar individual e abertamente para o mediador ficando protegido pela confidencialidade em relação ao outro mediando, se assim desejar. Eles aceitaram prontamente.

E, ouvindo essas pessoas, oferecendo a elas uma escuta empática, percebi o porquê estavam ali. Entendi o que precisavam e queriam de verdade, seus "interesses reais", aqui chamados de "segredo do cofre". Como Maria havia falado antes, e em observância ao princípio da imparcialidade e do equilíbrio de poder, João permaneceu na sala comigo.

João, logo no começo ficou sem graça, demonstrou frustração e uma certa tristeza ao relembrar que durante o casamento, havia um certo equilíbrio principalmente na questão financeira. Existia confiança mútua. Agora ele estava se sentindo "explorado" e rotulado e sentia como se fosse um "cofre". Ele tinha uma impressão diferente da Maria, admirava suas muitas qualidades. Concluiu afirmando que desde a separação não quis ter outros relacionamentos sérios, pois só encontrava pessoas que visavam o seu dinheiro. Maria, segundo soube, não tinha nenhum relacionamento sério desde o divórcio.

Eu ouvia com muita paciência, afinando meus "ouvidos de escutar". Escutar é diferente de ouvir simplesmente, e eu buscava ir além dessas palavras, ouvir aquilo que João não verbalizava, ouvir o que ele não estava dizendo". Perguntei se ele mantinha um diálogo com a ex-esposa, ele respondeu negativamente. Perguntei então o que João entendia ser importante acontecer para que essa situação de reiterados ajuizamentos de pedidos de revisão de pensão não voltasse a acontecer? E ele logo me respondeu que seria muito importante se eles voltassem a ter um diálogo, para ele ter a chance de explicar sobre esses pequenos reajustes, além de conversarem também sobre o melhor para os filhos deles.

João concordou que esse diálogo fosse retomado na sessão conjunta. Ele se propôs tentar, mas me disse que eu precisaria ajudar bastante porque sentia que ela queria mesmo não era conversar com ele, mas sim ver o valor da pensão corrigida. Acrescentou, ainda, que se não fosse esse olhar da Maria que o via como um "cofre forte" ela seria uma pessoa muito especial. Na verdade, ele se sentia muito cansado de estar sozinho, e pior se sentindo explorado.

Resumindo, verifiquei se ele concordava com o reajuste da pensão e se a minha percepção estava certa, se nesses tempos em que estavam afastados ele tinha refletido muito sobre a importância de ter uma família e uma companheira. Ele me olhou, muito emocionado e disse que sim, que sentia um grande vazio na vida pela ausência dos filhos e da Maria, que ainda tinha admiração por ela. Como Maria reagiria ao saber disso? Ele não sabia, pois não a reconhecia mais, era uma outra pessoa. Concordou de forma assertiva que eu falasse sobre nossa conversa para ela, isso o deixaria aliviado, porque tinha falado de coração aberto, queria o bem estar dos filhos. Ainda admirava muito a Maria.

Ele pedia uma chance para conversarem, pois se estivessem conversando, não precisaria estar toda hora no Judiciário. Essa situação o deixava triste, desgastado e muito decepcionado. Era só isso que desejava poder conversar e pediu novamente minha ajuda. Eu o tranquilizei, esse era o meu papel, facilitar diálogos. Pedi que aguardasse, era a vez da Maria.

Maria ao entrar na sala, pareceu bastante agitada e ansiosa. Logo no início disse que apostava que ele tinha falado que ela era interesseira e que só queria o dinheiro dele. Respondi que eu gostaria de escutá-la, que esse momento era dela para que trouxesse alguma coisa que não quisesse falar na sessão conjunta e que estávamos protegidas pelo sigilo.

Lancei então uma **pergunta reflexiva**, a fim de entender como ela estava se sentindo diante de mais um encontro para tratar dessa questão da pensão. Ela me respondeu que estava se sentindo triste e decepcionada com a atitude de João em não comunicar o aumento salarial. Esse benefício não era para ela, mas para os filhos. Desconhecia João neste momento, pois quando eram casados tinham suas diferenças, mas nas questões financeiras, sempre "jogavam aberto". Essa situação era "muito chata" e ele deveria estar imaginando que ela queria a pensão para ela, mas que estava ali pelo bem estar dos filhos e que não abriria mão disso.

Perguntei se ela compreendia que ele poderia não aceitar o aumento, ela disse que ele até concordaria, mas isso precisaria ser de forma automática, pois essa situação de toda vez ter que procurar o Judiciário, a irritava muito. "Maria, vocês têm oportunidade de conversar?", prossegui. E ela respondeu negativamente. Disse que tinha vontade, mas tinha medo de se sentir humilhada. E acrescentou que na verdade, desde que tinham se separado se sentia sozinha mesmo. Que até havia namorado outro homem, mas por pouco tempo, porque logo percebeu que as qualidades que o João tem, "não se encontra mais!".

Repeti para ela o que tinha dito para ele, que me parecia que nesses anos se sentia sozinha e que valorizava a presença de um companheiro de verdade, a importância de ter uma família. Ela assentiu, exatamente como João fizera.

Era chegado o momento de trazer o que havia de comum na fala dos dois, e que João havia me permitido dizer: Você sabia que ele tem muita admiração por você também? E que ele entende que é muito importante vocês conversarem para quando acontecer esses aumentos vocês decidirem juntos qual a melhor forma de repassar para as crianças?

Qual não foi a minha surpresa quando Maria olhou para mim emocionada e disse que sabia que os aumentos de salário eram pequenos e que apenas ingressava regularmente com estes reiterados pedidos porque entendia "que era a única oportunidade de revê-lo". Ela usava desse recurso para estar perto dele.

Percebi em sua fala todo o sofrimento que aqueles encontros "judicializados" lhe causavam e perguntei se ela entendia se era dessa forma que eles conseguiam se aproximar ou se isso estava causando mal-estar e uma possível má-interpretação por ele?

Ela me disse que das outras vezes tinham resolvido muito rápido, falava-se em valores e só. Assinavam e iam embora. Só dessa vez tinham tido a oportunidade de conversar e que ela queria que ele a visse como uma pessoa com qualidades, preocupada com os filhos.

Resumindo a fala de Maria, confirmei que pude compreender a importância que tudo fosse esclarecido, tudo fosse resolvido, que as intenções reais de cada um pudessem ser ditas de forma clara. Que nesse momento em que ambos entendiam as necessidades dos filhos, a importância do diálogo era fundamental para a reabertura do canal de comunicação.

Perguntei se poderíamos falar dessa forma na sessão conjunta. Ela sorriu e disse que sim, não sabia se ele concordaria, mas que se eu a auxiliasse eles poderiam conversar. Ela disse que, no fundo, quem sabe, eles poderiam "ter uma chance". "Sim, a gente poderia ter uma chance..." Encerrei dizendo que essa parte seria eles quem resolveriam, mas sim, que eu os ajudaria na retomada do diálogo.

Recomeçamos a sessão conjunta. Eu trouxe as falas e os interesses comuns, abrimos o diálogo e eles foram se falando e combinando como gostariam que fosse dali para frente. Começou de uma maneira técnica, depois começaram a dizer que poderiam ter falado diretamente um com o outro sem a necessidade de ser à distância e daquela forma, e aí ele olhou bem para ela e disse "e se a gente começasse a conversar juntos, eu venho fazendo planos". Ela, cheia de alegria concordou e também começou a falar de seus planos e eles conversaram muito. Nesse momento, me senti feliz como mediadora.

Relembro com alegria e com um sorriso no meu rosto o final maravilhoso: eles resolveram que o melhor era voltar a conversar, se reunir, e decidiram por fim, que queriam reconstruir a família. Ambos pediram expressamente que o pedido de revisional fosse convertido para exoneração (exclusão) da pensão alimentícia, pois voltariam a viver juntos. E com essa decisão, construída por ambos, o processo foi extinto.

Essas pessoas aprenderam a dialogar acima de tudo, experimentaram o verdadeiro **propósito da mediação**: permitir que os protagonistas conheçam suas forças e capacidades de resolverem suas questões, eles mesmos, de forma construtiva e duradoura. Possibilitar a cada um ouvir e expressar seus sentimentos e necessidades, um do outro. Vi isso com muita clareza acontecendo na minha frente e senti muita gratidão por ter escolhido essa profissão missão de mediadora. Mais uma vez reconheci a importância de se trabalhar minuciosamente a **questão, os interesses e os sentimentos (QIS)**, pois nem tudo que parece, é.

Aprendi que o "segredo do cofre" só se encontra quando as pessoas percebem seus **reais interesses** e que esta percepção demanda vencer o medo e a vergonha de expressar o verdadeiro sentimento. Como resultado, a **comunicação** se torna mais autêntica, completa e a mediação pode ajudar muito nesse caminho.

João e Maria aceitaram o meu convite lá do começo, para que fossem "juízes da própria causa", percorreram o caminho, sentiram-se vulneráveis, mas tiveram coragem de falar, ouvir e seguiram em frente.

O **segredo do cofre**? Comunicação é escutar a si próprio e o outro. Permitir esse movimento tornou possível que essas pessoas "abrissem o cofre" e resgatassem seus **interesses reais**, ou seja, aquilo que elas precisavam de verdade: unidas aprenderem a se comunicar, reconhecer e expressar a vontade de ainda viver o amor que sentiam um pelo outro, apesar de tudo. Quando conseguiram falar sobre isso, primeiro para mim e após na sessão conjunta, perceberam que "embrulhavam" esses interesses em revisionais reiteradas e defesas judiciais que tinham como consequências encontros judiciais constantes, má interpretação, tristeza, frustração, vazio e interesses reais não atendidos.

João e Maria construíram a solução, abriram o cofre. Eu só busquei facilitar a percepção de que eram capazes. **O que tinha dentro do cofre?** O amor que sentiam um pelo outro e pelos filhos, a vontade de estarem juntos e de recomeçar, buscando escrever um novo futuro. A partir daquele dia decidiram ali recomeçar. E recomeçaram.

Quanta diferença faz conversar num ambiente ordeiro!

Ruth Junginger de Andrade

Passaram-se alguns anos e ainda me lembro bem do momento em que, pela primeira vez vi os mediados na sala de espera aguardando a chamada para a audiência.

O procedimento era da modalidade pré-processual.

Para mim, quando conferi a pauta de atendimento, foi uma surpresa verificar que a Requerente indicou seis Requeridos para participarem da mediação. Pensei: muitos nomes para eu associar com as pessoas durante a sessão!

Ao apregoar, seis pessoas levantaram-se. Estavam sentadas em diferentes lugares na sala. De imediato percebi a cisão entre elas: um grupo de dois e outro de quatro que mal se cumprimentaram. Os seis presentes eram irmãos. Uma irmã estava ausente e outorgara procuração para a outra.

Na sala de atendimento, cumpridas as formalidades que o procedimento exige, iniciei a escuta das partes. A autora expôs o cenário. Os sete irmãos encontravam-se literalmente em guerra em função da mãe, uma senhora de setenta e poucos anos sofredora há mais de uma década da triste patologia da cegueira total.

Mas a genitora era uma senhora admirável. Tudo que lhe era possível realizar para manter-se autônoma ela o fazia: cozinhava, lavava a louça, limpava o quintal, cuidava dos cachorros, mantinha o próprio asseio e estava 100% lúcida e atenta ao redor.

Por que os irmãos estavam lá?

Primeira razão: a mãe, aposentada, residia na casa da Requerente. Os gastos financeiros da sua família eram maiores em razão da presença da mãe.

Segunda razão: a Requerente nunca tinha condições de descansar dos encargos que o cuidado exigia porque os outros irmãos faziam, apenas, esporádicas visitas para ver a mãe.

Terceira razão: a família da Requerente, por anos, nunca mais pode viajar e sair em conjunto, visto que o senso de responsabilidade em deixar uma pessoa idosa e cega em casa funcionava sempre como um alarme.

Os irmãos, como falei acima, sete ao total, entre aqueles que ainda se falavam as discussões eram constantes. Uma irmã, a única ausente naquele dia, havia rompido laços com todos, mas concordara em ser representada pela Requerente na reclamação.

Qual era o pedido da Requerente? Dividir com os irmãos os cuidados com a mãe idosa. Ela buscou o judiciário como uma forma de socorro onde alguém determinaria que todos os filhos deveriam contribuir.

As etapas da mediação são muito importantes. Até chegar na parte da geração de opções houve toda a escuta das partes. Cada irmão tinha suas razões e ressentimentos para colocar na mesa. Manter um ambiente de mediação ordeiro e construtivo com tantas pessoas precisando expor e desabafar foi um desafio.

Nos atendimentos precisamos respeitar o tempo estabelecido para cada audiência. Foi fácil perceber que nesta primeira sessão não haveria possibilidade de chegarmos a um acordo. Para haver um progresso, na segunda sessão estabelecemos uma "lição de casa" para todos: a) pesquisar opções de asilos e residenciais para uma possível moradia da mãe; b) pesquisar os custos de uma cuidadora para os finais de semana; c) cada um montar um calendário com 2 datas mensais de disponibilidade para visitar a mãe.

Transcorrido o tempo para segunda sessão, enfim chegou o dia! Eu estava ansiosa. Os mediados haviam caprichado no visual. Achei isto o máximo!

A sessão foi excepcional. Cada irmão queria mostrar o que conseguira. Os valores para custear uma moradia externa para a senhora idosa assustou um pouco. Seria uma obrigação bem dispendiosa. Eliminada esta opção, analisamos os valores de uma cuidadora: os custos seriam mais acessíveis, mas como que um milagre, a Requerente expôs que seu coração pedia para manter a mãe por perto de si. A última opção foi certeira. Cada irmão apresentou sua disponibilidade de tempo para ficar com a mãe.

A tensão entre eles foi embora como uma nuvem escura no horizonte. Rapidamente rascunhamos num papel a tabela de cuidados.

Com sete irmãos a rotatividade não sobrecarregou ninguém. Todos assumiram o compromisso de colaborar: todos os quartos finais de semana seria o tempo da mãe passear um pouco com direito a pernoitar na casa dos filhos. Eles estabeleceram o mês de cada um deles para cumprir o rodízio. Nos outros finais de semana a visitação aconteceria aos domingos na casa da irmã Requerente. Dividir esta obrigação em seis irmãos exigiu um calendário para fixar o dia de cada um. Encerrando esta parte, todo final de semana, aos domingos, a Requerente poderia sentir-se livre para curtir sua família e programar o seu dia de descanso.

Os irmãos sentiram-se animados porque o maior problema estava sendo superado, abrindo espaço para ideias periféricas brotarem: o irmão responsável pela visita domingueira deveria levar um agrado culinário para a mãe, cada um poderia acompanhar a mãe numa caminhada pelas proximidades da residência, a irmã "distante", manicure, no seu final de semana poderia tratar das unhas e cabelos da mãe. Outras sugestões vingaram e o que foi apresentado no início da mediação como um problema transformou-se num ato de amor e reconhecimento pela matriarca que já estava nos últimos anos de vida. Os filhos não deveriam deixar esta oportunidade fugir sem cumprirem suas obrigações de honrar pai e mãe.

Mas, ainda restava um ponto: os cachorros, animais amigos e companheiros da mãe, que para a Requerente significavam sujeira e ração. O interesse de que tudo terminasse bem aflorou a criatividade. Os irmãos aceitaram o custear uma diarista num dia da semana para higienizar as calçadas e ajudar na faxina geral da casa, o que seria uma espécie de presente para a Requerente por ela ter a maior das responsabilidades.

A ração foi o item mais fácil de resolver. O irmão responsável pela visita domingueira se apresentaria na casa com um pacote da comida industrializada.

E assim os problemas foram encaminhados para o entendimento. O semblante dos irmãos não era o mesmo. Os pedidos de desculpa foram feitos. As palavras de perdão foram ditas. O manto da responsabilidade comum foi assumido.

Para mim ficou a lembrança de pessoas que saíram da reunião com sentimentos de paz. Não lembro os nomes de ninguém, até gostaria de tornar-me invisível, dotada de poderes sobrenaturais para lançar meu olhar sobre a casa onde a mãe vive e conferir como todos estão. Se tudo deu certo, se todos honraram as obrigações do acordo a mãe deve estar feliz e grata a Deus pelos bons filhos com que foi abençoada.

A mediação sempre está à espera de novos casos...

Quem disse que só seriam cinco minutos de sessão?

Regina Angela do Amaral

Na fila do elevador não pude deixar de observar os simpáticos jovens de descendência nipônica que conversavam animadamente na língua pátria. No elevador, respondi ao bom dia deles com um "o-rra-iô", eles surpresos sorriram para mim. Enquanto eles se posicionavam cada um de um lado da porta do elevador para eu sair, resolvi gastar a minha grande "fluência" do idioma japonês com a única outra palavra que eu sabia "Arigato".

Passei pela recepção e cumprimentei as pessoas que estavam esperando para serem atendidas. Pensei: "que histórias me aguardam nesse dia?". A sala estava lotada e dentre as pessoas que lá estavam me chamou a atenção um casal de idosos. Percebi que os dois jovens nipônicos tagarelas se dirigiam até eles. Disse para mim mesma: "o que estes idosos estão fazendo aqui? Será que estão esperando atendimento no lugar errado? Será que esses dois jovens são os advogados deles?".

Trabalhei durante duas décadas desenvolvendo trabalho social com idosos. Deles escutei as mais variadas histórias, umas muito tristes, outras felizes e bastante engraçadas. Ouvi também inúmeros relatos de pessoas idosas que depois de muitos anos de relacionamento decidiram se separar, mas continuavam vivendo na mesma casa por vergonha de revelar a nova condição à família e aos vizinhos ou por medo da perda do convívio com os filhos. Essa foi a solução que encontraram. Diversas vezes, deles ouvi: "quem comeu a carne agora rói os ossos".

Portanto, fiquei curiosa com a presença daqueles velhinhos ali na sala de espera. Peguei a pauta do dia e vi que meu primeiro atendimento seria um caso de Divórcio Consensual. Ao chamar as partes, para minha surpresa o casal de idosos se levantou. Lembrei que muitos casais que se separam e não oficializam a separação, ficam longos anos sem se ver e somente depois de certo tempo resolvem homologar um acordo de separação. "Seria esse o caso"? Pensei.

Notei a dificuldade que a senhora idosa, que aqui vou chamar pelo pseudônimo de Dona Antonina, obesa, teve dificuldade para se levantar. Dona Antonina bem vagarosamente se dirigiu à sala de atendimento. Assim que chegamos na sala um dos advogados brincando falou uma frase em japonês comigo. Disse a ele que já tinha gasto todo o meu conhecimento do idioma. Ele com aquela simpatia e educação característica dos orientais então me disse:

— Hoje você vai começar bem! Vai ser um atendimento bem rapidinho, você já pode começar a redigir o termo. O meu cliente concorda em dar a Dona Antonina uma pensão de trinta por cento de seus rendimentos. A casa onde eles moravam já está no nome dos filhos. Eles não possuem outros bens móveis e imóveis a serem partilhados. Eu e o meu colega que aqui está representando a Dona Antonina, já acertamos tudo e os nossos clientes estão satisfeitos com o acordo.

Enquanto eu ajudava Dona Antonina a se acomodar, percebi que um dos advogados, a fim de facilitar ainda mais o meu trabalho, já havia recolhido os documentos de todos para os devidos registros. Ele colocou tudo ao lado do teclado onde eu iria digitar o termo. Os jovens advogados ficaram na porta da sala e pretendiam continuar a conversa animada enquanto eu digitava. Agradeci a eles por terem facilitado o meu trabalho, convidando-os a se juntarem a nós na mesa. Fiquei então sabendo que os dois foram amigos de infância. Depois, um deles mudou-se com os pais para o Japão e após muitos anos retornou ao Brasil e fez faculdade de Direito no Paraná. Os dois tiveram uma grande surpresa de se reencontrarem cada um defendendo uma parte naquele caso. Então, entendi o motivo daquela prosa tão animada entre os dois. Estavam revivendo momentos marcantes dos tempos de infância e da coincidência desse reencontro.

Apresentei a todos o casal de estagiários que já se encontravam na sala e perguntei se os idosos permitiriam que eles continuassem ali. O casal concordou. Pelos olhares fixos e atentos dos dois estudantes e pelas anotações frenéticas que eles começavam a fazer, percebi o quanto eles estavam espantados com o caso que ali se apresentava, ou seja, um processo de divórcio de pessoas muito idosas.

Fiz a declaração de abertura pausadamente, olhando ora para o idoso, que aqui vou chamar de Sr. Joaquim, ora para a Dona Antonina me certificando de que eles estavam entendendo tudo o que eu dizia. Falei que caso fosse necessário, iria conversar com cada um separadamente. Passei então a palavra para a Dona Antonina, levando em conta que foi ela quem nos procurou primeiro. Percebi que ela não queria falar, disse apenas que ficou contente com a proposta feita pelos advogados de receber mensalmente um "dinheirinho" (sic), e que estava tudo certo. Ela não tinha mais nada a dizer. Passei a palavra para o sr. Joaquim que disse que para ele também estava tudo bem:

— Se a Nina (era assim que ele chamava Dona Antonina) quer assim, o que eu posso fazer? É a vontade dela, foi ela que saiu de casa. Não tenho mais nada a dizer. — Pelos olhares dos dois advogados percebi que eles queriam me dizer que estava na hora de preencher logo esse termo.

Como nenhum dos dois idosos queria falar, eu que precisava arrumar uma maneira deles se abrirem, perguntei se preferiam conversar comigo um de cada vez, mas sem a presença do outro. Nenhum dos dois quis falar separadamente.

Silêncio total na sala, por alguns minutos só se ouvia a respiração ofegante da Dona Antonina ao meu lado. Advogados de acordo, o casal de acordo e eu... bem, eu queria ouvi-los um pouco mais. Algo não estava claro e eu estava disposta a saber o que era.

Nos meus muitos anos atuando como conciliadora sei que um princípio básico é o de não interferir na vontade das partes, não somos juízes e nem advogados. Estamos ali para escutar e respeitar a opinião e a vontade dos protagonistas: as partes são soberanas.

Portanto, disse a eles que se fosse da vontade deles a separação conjugal, eu iria digitar o documento, iríamos assiná-lo e a nossa reunião seria encerrada. Mas, antes eu quis conversar um pouco mais com o casal. Por isso, perguntei: "Há quanto tempo vocês estão casados? Responderam: "quarenta e seis anos". "Quantos filhos vocês tiveram?" Perguntei. O sr. Joaquim respondeu:

— Tivemos quatro filhos. Um faleceu recentemente. Todos os outros estão casados. Temos também sete netos. Ah, o nosso neto mais velho acabou de passar na USP!

Em seguida me perguntou:

— A sra. conhece a USP? Lá é muito bonito, não acha?

Achei ótima a pergunta, pois me forneceu a oportunidade de iniciar um diálogo com o sr. Joaquim. Como ele não queria responder às minhas perguntas, resolvi responder as perguntas dele. Cumprimentei-o pela bela família que eles construíram e, por alguns momentos conversamos sobre a USP, as capivaras que lá pastam na raia olímpica, as áreas verdes e a grande movimentação de estudantes ali e, a partir daí, nossa conversa começou a ficar animada. Aproveitei para saber um pouco sobre a vida dele como funcionário público aposentado que trabalhou a vida inteira como vigilante de uma linha férrea. Ele nos contou:

— Trabalhei muito para sustentar os nossos filhos. O Pietro tinha Síndrome de Down e faleceu recentemente. Graças a Deus os outros três são trabalhadores. Nenhum conseguiu fazer faculdade, mas todos são muito honestos. Nenhum filho meu ficou rico, eles são muito unidos. Sei que eles estão tristes com essa história toda de separação... todos casaram direitinho na igreja e casal que casa assim num pode separar, né!

Notei que ele foi ficando emocionado ao falar dos filhos e também da separação. E continuou:

— Agora veja só, já tenho um neto que vai estudar na USP! Sinal que criei bem os meus filhos e agora eles estão criando bem os meus netos... só não quero que eles se separem... isso não é bom!

Perguntei se ele queria falar mais alguma coisa. Ele balançou a cabeça e percebi que os seus olhos estavam marejados de lágrimas.

Discretamente passei a caixa de lenços de papel para ele. Silêncio total na sala, só se ouvia a respiração ofegante de Dona Antonina.

Então dirigi meu olhar para ela. Senti uma simpatia enorme por essa pessoa ali ao meu lado, uma típica "mama italiana". Timidamente ela olhava para o sr. Joaquim não com aquele olhar que nós conciliadores estamos acostumados a ver em muitos casais que estão se separando, olhar de raiva, fúria, desprezo, revolta. Seu olhar revelava uma certa cumplicidade e compaixão pelo marido. Falei que gostaria de conhecer a história dela também. Com uma voz bem baixinha e olhar distante, disse:

— Sabe minha filha eu e o Joaquim passamos por muitas dificuldades. Sou filha de imigrantes italianos que vieram para o Brasil fugindo da guerra. Casei com o Joaquim muito nova e eu sempre cuidei da casa e dos nossos filhos. Temos dois filhos homens e uma mulher, o Pietro, Deus o levou. Eu nunca trabalhei fora. Fazia de vez em quando, massas para vender. Os meus vizinhos adoravam! Não fazia mais porque tinha muito trabalho com o Pietro. Meu sonho era trabalhar em um restaurante, mas por conta dos afazeres domésticos e do Pietro, não foi possível. Desde que eu e o Joaquim nos separamos fui morar com a minha filha. Só que a casa dela é pequena e o meu neto teve que dormir na sala para eu poder dormir no quarto dele. Já tem três meses que eu estou lá. Eles gostam muito de mim, mas acho que estou incomodando... O Joaquim é um homem bom, muito honesto e trabalhador. Ele trabalhava em três turnos para ganhar um pouco a mais. No final do mês, ele chegava com o pagamento e me entregava todo o dinheiro, eu pagava as contas e o mercado. O dinheiro que eu ganhava vendendo massas, gastava com as despesas com os filhos. O restinho que sobrava eu colocava em uma lata dessas de guardar mantimentos.

Pela primeira vez vi o sorriso de Dona Antonina. Ela prosseguiu:

— Você conhece aquele jogo de várias latas para guardar arroz, feijão, café? Eu tenho um que ganhei de presente de casamento. Na latinha menor, eu guardava todo o dinheirinho que sobrava. Foi com esse dinheiro que compramos um lote. Depois o Joaquim foi construindo devagarinho, às vezes até os filhos pequenos ajudavam na construção da nossa casa.

— A Nina ajudou muito também! Ela carregou muito tijolo para mim e para os filhos. — Interrompeu emocionado o sr. Joaquim.

Dona Antonina continuou:

— Depois da construção da nossa casa, continuamos a economizar e o Joaquim conseguiu construir três cômodos no nosso lote. Ele acabou de construir agora, ficou uma beleza! Tudo independente! Ele é muito caprichoso! Colocou até azulejo na cozinha e no banheiro! E é lá que eu vou morar agora. O Joaquim não quer abrir mão da nossa casa.

Sr. Joaquim contestou:

— Fala a verdade Nina! Foi você que inventou esse negócio de separação! Foi você que foi para a casa da nossa filha, eu tô muito chateado porque ela nem fala mais comigo. Tá com raiva de mim. Acha que eu sou culpado pela nossa separação. Não vejo mais os netos. Nem o que passou na USP eu vi mais... Da nossa casa eu num saio não!

Perguntei, em seguida, para o sr. Joaquim sobre quem irá cuidar da casa a partir da separação, se ele sabia cozinhar, lavar roupas etc. Ele me disse:

— A Nina é uma ótima cozinheira! A comida dela é muito gostosa. Faz todo o tipo de comida italiana que você possa imaginar. Eu não sei cozinhar não! Faço um macarrão que dá para uns três dias e assim vou levando. Deus vai cuidar de mim, né minha filha?

Eu lhe disse que certamente Deus iria cuidar dele, mas Ele não iria cozinhar para ele e tampouco cuidar da casa. Expliquei, então, que seria preciso alguém para fazer as tarefas domésticas. Impasse. Silêncio total na sala. Os advogados e os estagiários estavam imóveis. Agora nem a respiração ofegante da Dona Antonina se ouvia.

Considerando que Dona Antonina estava satisfeita com o valor da pensão que iria receber resolvi aprofundar o assunto, porque senti a necessidade de fazer alguns esclarecimentos. Antes disso, cumprimentei-a pela boa administração do salário do sr. Joaquim e lhe disse que graças ao trabalho dele e a dedicação dela, conseguiram construir a casa e educar bem os filhos. Perguntei se ela estava ciente do valor das despesas mensais que teria a partir da separação. Ela balançou a cabeça negando. Indaguei, logo a seguir, se seus filhos iriam ajudá-la. Ela disse que os filhos eram muito bons para ela, mas não tinham condições de ajudá-la. Questionada sobre se tomava remédio de uso contínuo, ela confirmou que sim, tomava vários, alguns o marido buscava no posto de saúde e um deles ela tinha que comprar, despesa que ela não contava.

O sr. Joaquim nos interrompeu:

— Nina, você sabe que coloquei o relógio de luz e o hidrante separado na casa onde você pretende morar porque a intenção era para alugar, né? Então, por isso, você também vai receber a conta de água e de luz e eu não vou pagar nada para você, não! Vai ser tudo igual o que o Doutor falou para gente, o seu dinheiro vai vir descontado na pensão e você vai pagar todas as suas despesas.

Mais um silêncio na sala. Então, lembrei do chamado "Teste de Realidade", técnica de conciliação. Considerando a dificuldade de locomoção de Dona Antonina, lhe perguntei quem iria fazer compras para ela. Sugeri que imaginasse como faria quando precisasse ir ao mercado e voltasse com uma sacola de compras.

— Acho que vou fazer assim, — neste momento Dona Antonina fez um gesto como se pegasse uma sacola de compras com uma mão e disse — Eu tenho muita dificuldade para caminhar, vou fazer assim, vou segurar a sacola com uma mão e com a outra tenho que andar encostando nas paredes e aí... nossa, vai ser difícil! Eu não tinha pensado nisso. Vai ser muito difícil, minha filha.

Mais um silêncio. Dessa vez percebi que os advogados se entreolhavam. Quem disse que seriam apenas cinco minutinhos de sessão!? Os estagiários atentos e imóveis nem piscavam. Então, ponderei que reconhecia que eles viveram uma linda história permeada por sacrifícios e muita dedicação. Criaram filhos dos quais se orgulham muito e que são avós de netos muito amados. Lembrei que o sr. Joaquim nos contou o tanto que Dona Antonina é uma ótima companheira, que eu estava de água na boca só de imaginar as deliciosas massas que ela preparava. Que era emocionante como ele falava o quanto ela era caprichosa com a casa. Recordei também que Dona Antonina nos disse que o sr. Joaquim sempre foi muito trabalhador, que gastava todo o dinheiro só com a casa e que sempre cuidou muito bem dos filhos e dela também. Apontei que não havia, até aquele momento, ouvido qualquer um dos dois reclamarem do outro. Então, perguntei por que e como surgiu essa ideia de se separarem? Com a voz embargada e cabisbaixo o sr. Joaquim disse:

— Num sei te responder isso, não, minha filha! Eu sempre vivi para a minha família, nunca tive mulher... esses rolos assim fora de casa. A Nina é que começou com essa história de separação. Agora meus filhos nem falam comigo direito!

Dona Antonina respondeu:

— Sabe minha filha, eu nunca trabalhei. Fazia, de vez em quando, as minhas massas para vender. Tinha que cuidar do Pietro. Todo mês o Joaquim me dava o dinheiro, eu pagava as contas, quando dava, comprava uma roupinha ou sapatos para os filhos e o resto ia todo para a minha latinha. Eu sempre sonhei em ter um dinheiro para comprar umas coisinhas assim, tipo Avon, sabe? Aquelas coisas que aparecem nas revistinhas que as vizinhas vendem. Meu sonho é poder comprar uns perfumes para colocar na mesinha do meu quarto, sabe, aqueles vidrinhos diferentes, cada um com um perfume de uma cor para colocar em cima dos forrinhos de crochê, fica bonito, né? Você não acha? Também gosto daquelas vasilhas de plástico coloridas, é muito chique, né? Quando começamos a construir o barracão, ficava pensando assim: seria muito bacana se esse dinheiro do aluguel pudesse ficar comigo, mas queria para mim, assim eu poderia comprar essas coisas que eu sempre sonhei, mas nunca pude comprar.

Nesse momento o sr. Joaquim que escutava o relato da Dona

Antonina cabisbaixo, levantou a cabeça e disse bem alto:

— Nina! Porque você não me disse isso? Eu dava esse dinheiro para você! Lembra do José que trabalha no Sacolão? Ele foi lá e viu a construção e adorou! Ele queria alugar, mas como você tem que morar lá, eu falei para ele que eu não podia alugar, não. Mas, se era isso, se você queria o dinheiro do aluguel para comprar essas coisinhas aí de mulher, porque não me falou! Eu daria pra você! Agora que estamos velhos e os nossos filhos não moram mais com a gente esse dinheiro ia sobrar e eu podia sim dar ele para você. Era só ter me falado!

O silêncio agora era total na sala! Acho que agora os advogados e estagiários nem respiravam, o que me incluía também, ficamos todos quietos e imóveis! A conversa agora era entre duas pessoas que viveram por décadas juntas e só agora estavam dialogando de modo mais profundo. Foi a vez da Dona Antonina falar:

— Oh, Joaquim! Eu pensei que você poderia brigar comigo, eu sempre guardei o nosso dinheirinho para pagar as contas, nunca tirei nada não para comprar essas bobagens, você sabe! Mas fui ficando nervosa quando vi que a construção estava ficando pronta, não tinha coragem de te pedir esse dinheiro para mim, não. — Disse ela chorando.

Nesse momento o sr. Joaquim virou-se para mim e falou:

— Minha filha, se a Nina tivesse me falado isso eu dava todo o dinheiro do aluguel para ela. Eu não ia querer me separar dela por isso, não!

Eu disse a ele que deveria dizer isso a ela. Ele, então, olhou para ela e fez uma singela declaração de amor para a sua companheira de toda uma vida. Olhou depois para esta conciliadora, que nesta hora engolia o choro e disse:

— Minha filha sei que você está tendo muito trabalho, mas será que você pode desistir de separar a gente?

Eu lhe respondi:

— Aqui quem manda são vocês! Eu não quero separar ninguém!

Quase que instintivamente advogados, estagiários, sr. Joaquim, Dona Antonina e eu batemos palmas, quebramos o sagrado silêncio de todas as salas de atendimento! Estávamos todos comemorando, quando olhei para a porta e me deparei com o coordenador do local ali parado sem entender o que estava acontecendo. Todos nós estávamos rindo com aqueles simpáticos velhinhos.

Sem jeito o coordenador por não entender o que se passava, me perguntou:

— Está precisando de alguma coisa? — A minha vontade foi dizer que estava sim, que ele poderia trazer uma toalha xadrez, um bom vinho, um tira-gosto bem gostoso porque iria rolar uma festa naquele momento!

Passada a euforia inicial, enquanto redigia o termo, o sr. Joaquim me pediu licença, tirou do bolso um pedaço de papel cuidadosamente dobrado e me entregou. Perguntou se eu podia ligar para os filhos dele, porque ele queria conversar com eles. Estava com saudades e queria dizer a todos que ficou muito orgulhoso do neto que passou na USP. Queria também marcar logo um almoço com toda a família para o próximo domingo.

Reatando laços pai e filha

Celita Cleaver

Todas as quartas-feiras, eu atendo conciliações. Sempre tento chegar cedo para me acalmar do exterior e me concentrar para que sejam produtivas e que eu consiga dar o meu melhor. Justo esta quarta tudo começou diferente.

Ameaça de greve de taxistas, taxistas atacando os carros dos motoristas de Uber e eu, que uso o transporte Uber, pois é rodízio do meu carro, já fiquei preocupada. Chamei o carro no aplicativo e logo que o menino chegou falei "Melhor eu ir na frente para não acharem que é aplicativo e sim um sobrinho levando sua tia ao trabalho" O menino deu risada, achou ótima a ideia. Conversamos um pouco, ele não aparentava medo algum, já eu, estava bem aflita. Na calçada, onde é a porta de entrada do prédio tem uma placa imensa verde e quando a vi, já fiquei mais aliviada. Cheguei!

Entrando, um pouco atrasada, corri para a sala, abri o computador, coloquei a bolsa na gaveta, dei um "oi" para todos da sala, tomei um cafezinho, peguei uma água, e respira. Hoje está cheio e temos que atender sozinhas. Pena!

Vou chamar as partes e os advogados. Uma parte era uma menina que aparentava seus dezenove anos, estava sozinha e o outro era o pai e sua advogada.

Entraram e se sentaram distantes, como sempre pedimos os documentos, aquele silêncio e ninguém olhava no olho de ninguém. Como diriam os jovens "um climão".

Começo sempre com as boas vindas, faço a abertura explicando o que é a sessão de conciliação, para que estamos aqui, modo de falar, as regras. Minha surpresa foi que para ambas as partes e até para a própria advogada do pai, esta era a primeira vez que todos participavam de uma conciliação. Caprichei bastante. Nestas horas faz muita falta um Co mediador, pois ajuda a lembrar o que falar, a escuta não fica numa única pessoa e o ambiente fica mais informal e acolhedor, na minha opinião.

O caso era um processo[1], onde o pai pedia a exoneração da pensão, uma vez que a filha não estudava mais. Ela tinha se formado no Ensino Médio e agora fazia uns "bicos".

Isto tudo foi o que, rapidamente, disse a advogada do pai, uma vez que, o pai não queria nem falar. Aos poucos fui fazendo perguntas ao pai para conhecer um pouco mais da história.

O pai, Fernando, como ele se apresentou, teve um relacionamento muito rápido com Raquel. Ela ficou grávida e nasceu a Andrea. No início eles, pais de Andrea, até tentaram morar juntos, mas ele contou que a mãe da Andrea, como ele se referia "Sra. Raquel", era muito ciumenta e eles brigavam muito. Eram muito jovens na época, pelo que ele mencionou.

Desde o começo, Fernando ajudou a Raquel com tudo. Ele ganhava mais que ela, tinha um trabalho de auxiliar financeiro, num escritório de contabilidade e estudava à noite, faculdade de contabilidade. Ela ainda estava acabando o Ensino Fundamental II e morava com os pais. Não era muito estudiosa na visão dele.

Enquanto o pai contava a sua história, a filha do outro lado da mesa olhava para baixo e não abriu a boca.

Fernando conta que a convivência com a mãe da menina foi ficando cada vez mais difícil, que os avós maternos só exigiam que ele pagasse a pensão mensal. Segundo ele, foram dificultando o contato do pai com a filha. Até que, num certo momento Fernando só pagava a pensão e desistiu de visitar ou conviver com a criança.

De repente, Andrea começa a chorar forte, vem uma raiva. Ela pediu para falar. Diz que sua mãe contou que seu pai nunca tentou procurá-la, que a avó poderia ser testemunha .Segundo Andrea o pai sempre se fez de vítima ,quando na verdade, ele não era, conta que ele só pagou a pensão, durante todos estes anos, pois ficou com

---

1   Forma estabelecida pela Lei e praxe para todas as causas em juízo. www.dicionarioinformal.com.br

medo de ir preso. Que em vários aniversários dela, sua mãe dizia que ele não vinha, pois não gostava dela.

Fernando com lágrimas nos olhos, tentou se defender. O ambiente ficou tenso e com a ajuda da advogada dele, acalmamos as partes. Comecei a minha fala relembrando para que estávamos lá. Que sempre vai existir esta relação de pai e filha, que aconteceram muitos diálogos com ruídos entre os pais da Andrea, mas que isso não significa que a relação deles não poderia ser diferente. Reforcei o olhar "daqui para frente", que eles têm a possibilidade de mudar o modo de relacionar.

Ambos choram, muitas dores, muitos pontos de vista diferentes, muitas vozes que influenciaram esta relação desde o princípio, até mesmo, expectativas frustradas de ambos em terem uma relação diferente desta.

Contaram, no meio de lágrimas, que fazia mais de doze anos que eles não se viam. Impressionante olhar aqui de fora e ver como são fisicamente parecidos, os olhos, o rosto, o colorido da pele e até alguns olhares. A última vez que eles se viram, foi num Natal, quando ela tinha sete anos, Fernando foi na casa dos avós dela levar um presente, uma boneca; ela não lembra muito.

Andrea sabia mais da vida do pai do que ele da vida dela. Fernando tinha muita raiva da mãe da Andrea, Raquel, e esta raiva toda impedia qualquer aproximação dele com a filha.

A filha, por sua vez, já tinha procurado o pai no Facebook. Contou, que sabia que ele era casado, que tinha até um irmãozinho de três anos.

Vamos tentar falar um pouco sobre a vida dela agora aqui neste momento, para o pai conhecer, pensei eu comigo mesma. E assim comecei a perguntar para ver se a Andrea contava um pouco. Ela acabou de se formar no Ensino Médio, e como tem muito jeito com contas, foi trabalhar numa loja como caixa. O pai olhou surpreso e disse que não imaginava. A aparência dela era cabelo curto, toda tatuada e com muitos brincos. Estava vestida toda de preto.

Contou que ajudava a mãe em casa, que só moravam as duas

e a avó, pois o avô tinha falecido e que queria fazer uma faculdade de contabilidade à noite, mas não tinha tempo para estudar e nem dinheiro.

Foi neste momento, que os dois começaram a conversar um pouco e se olharam. A advogada do pai, super colaborativa ficou quieta e eu também. Os dois perguntaram coisas um para o outro, sobre o irmão, a vida de cada um. Iniciou-se um pequeno diálogo entre eles, com um certo afeto no modo de falar.

Como é gratificante presenciar, como facilitadora de diálogo, as partes conquistando seus lugares no processo, falando cada um de si, dentro de um espaço que se sintam à vontade, sem agressões, se superando e se surpreendendo muitas vezes.

Casos como este mostram que os conflitos e os sentimentos estão tão sedimentados que se não houver ajuda de um terceiro, talvez inexistisse a possiblidade de diálogo neste caso. O meu papel aqui talvez tenha sido de reconectar este diálogo.

Fez-se silêncio. Olhei para o relógio, já tinha se passado uma hora e meia e ainda estávamos lá. Como estávamos?

Na verdade, estávamos num começo de um dar- se a conhecer as necessidades de cada um, conhecer o que cada um era, e não o que eu penso que você fosse, talvez uma vontade de continuar esta conversa.

Saí da sala com uma ideia, peguei a agenda, talvez uma outra data. Remarcarmos a audiência. A lição de casa, filha e pai combinarem de conversar só os dois em outro lugar e trazer para o próximo encontro uma ideia de compor, de outra forma este pedido de Fernando em relação à pensão da filha Andrea.

Ideia aceita por todos, fizemos combinados, troca de número de celular, compromisso de irem a um lugar, conversar só os dois. Andrea parecia estar com muita vontade, tinha um pouco de receio ainda. Fernando parecia mais confiante. A advogada apoiou totalmente. Marquei o nosso próximo encontro, para daqui a duas semanas.

Feito o termo de redesignada[2], Andrea saiu primeiro e logo em seguida o Fernando e a advogada. Lembro bem que a advogada antes de sair no corredor, fez um sinal positivo com a mão e um sorriso. Todas nós, da sala de espera, ficamos bem esperançosas. Será que vai dar certo?

Passaram -se duas semanas. Chegou o dia. São tantos casos que esqueço sempre. E quando vem a agenda, as conciliadoras que têm uma melhor memória, lembram para as outras qual é o caso, rapidamente. Isto é bom, porque nos torna como mediadoras e conciliadoras mais imparciais de certa forma.

Na verdade, durante todos estes anos de prática, faço muito exercícios comigo mesma depois do atendimento de me esvaziar das minhas certezas e percepções, e de certa forma até me esquecer dos casos, pois ajuda a minha atuação como facilitadora. E até transformar em perguntas para me ajudar no processo. Por isso volto a repetir aqui, a grande valia de se trabalhar em Co conciliação e Co mediação[3], pois você tem o apoio da outra ou outro. Respeito. Confiança. A prática fica mais ampla e o trabalho em conjunto melhor.

Fico feliz! Hoje tenho uma Co conciliadora para trabalhar comigo. No corredor quando vou chamar as partes já sinto um clima mais leve. E vem pai e filha, e advogada sorrindo no corredor. Ufa! Que alívio!

Eles entram e já começam contando como foram as conversas. A primeira num shopping perto da casa dela, tomaram lanche juntos. A segunda vez, numa pizzaria onde Andrea conheceu o irmãozinho e a mulher do pai, um sábado à noite delicioso. Teve até terceira vez, uma tarde no parque, onde estavam só pai e filhos (Andrea e seu irmão).

As conversas foram muito produtivas, Andrea como uma boa matemática apresentou até para nós uma planilha com seus gastos

---

2   Ato de marcar nova data para audiência. www.dicionarioinformal.com.br

3   Modo de trabalhar em dupla no processo de conciliação ou mediação.

atuais e planos futuros.

Fernando tinha decidido ajudá-la com o montante atual mesmo, só que de agora em diante seria depositado na conta bancária da própria Andrea.

Ela e o pai tinham feito muitos combinados de se verem e conviverem mais. Mostraram fotos deles na pizzaria, ela com o irmão. No final nos abraçamos todos, uma alegria total.

Nossa que delícia foi fazer este termo de FRUTÍFERA[4].

Quando acabam casos como este, partes pacificadas e felizes, com um novo olhar para o daqui para frente, penso que estas pessoas que antes se alimentavam de sentimentos de ódio, mágoa, desamor, vieram até a conciliação/mediação e com a facilitação de um terceiro olhar , conseguem COMPOR com seus próprios recursos, um CONSENSO.

O ser humano é capaz de construir seus próprios conflitos, mas também tem a capacidade de resolvê-los. O processo de mediação/ conciliação, principalmente transformativa, que tem foco nas relações continuadas no tempo (este caso do PAI E FILHA) favorece a comunicação e o empoderamento das partes, que quando, se sentem acolhidos pelo mediador e confiantes no processo constroem a resolução de seus próprios conflitos.

---

4   Que dá frutos. Proveitoso, útil. www.dicionarioinformal.com.br

Um dia para sorrir

Denise Manzzo

Nem sempre me lembro das audiências de mediação das quais participo. O mesmo vale para as questões que foram tratadas, as aflições e preocupações dos participantes. Talvez isso ocorra até em razão do compromisso que, como mediadores, temos com a confidencialidade, um dos princípios[1] norteadores dos *Métodos Adequados de Solução de conflitos.*

Entretanto, uma audiência me marcou profundamente. Seria a primeira daquela tarde. Eu mal acabara de me sentar, quando o requerente entrou na sala, atendendo rapidamente à chamada pelas partes. Aparentava uns setenta anos de idade e seus traços sugeriam ascendência oriental. Estava um pouco arfante. Ao sentar-se, olhava-me fixamente, sinalizando que esperava de mim uma solução para o seu problema.

Em seguida, entrou a requerida. Eu não lhe daria muito mais do que trinta anos de idade e estava visivelmente constrangida.

Dando início à audiência, me apresentei e providenciei um rapport[2] a fim de deixá-los mais à vontade. Depois disso, pedi para que se apresentassem, um de cada vez.

O homem tomou a frente. Disse seu nome e esclareceu que

---

1   Esse princípio também é chamado de princípio do sigilo. Ele é fundamental para garantir que as sessões de mediação tenham maiores chances de sucesso. Garantindo que as informações usadas nas sessões de mediação não sejam usadas no processo judicial e em outros, permite-se que as partes fiquem mais à vontade para sustentar um diálogo mais aberto. http://blogcarreiras2.cruzeirodosuleducacional.edu.br/graduacao/entenda-mais-sobre-o-principio-da-confidencialidade-na-mediacao/

2   Esta palavra tem origem no termo em francês rapporter que significa "trazer de volta". "A psicologia foi quem apresentou o conceito de rapport pela primeira vez. Assim, ele passou a ser utilizado como forma de criar empatia entre as pessoas. A ideia, no caso, seria a de "desarmar" a outra parte para gerar uma aproximação mais confiante", in https://blog.sajadv.com.br/rapport-mediacao-conciliacao/

a requerida havia sido sua dentista por alguns anos e que "sempre gostou de seus serviços". Mas que estava ali, em desespero, diante do resultado do último trabalho odontológico.

Terminada a fala, ele "sacou" de sua mochila uma pequena caixa plástica, semelhante àquelas onde guardamos aparelho ortodôntico. E explicou: "Aqui estão meus dentes, depois do 'tratamento' da doutora (e franziu o rosto)".

Continuou sua fala, contando por qual motivo procurara o Setor de Conciliação: ele havia consultado a dentista para mais um tratamento, desejando que ficassem como novos, bem cuidados e alinhados. Entretanto, a intervenção dela surtiu o efeito contrário: seus dentes começaram a cair, um após o outro, para seu total desespero!

Nesse instante, era ainda maior o constrangimento da requerida, a ponto de mal conseguir parar na cadeira. Estava ansiosa para apresentar sua visão dos fatos.

Acabada a explicação do requerente, passei a palavra a ela.

Então, suando frio, começou a dizer que lamentava o ocorrido com seu paciente de tantos anos e que não entendia o que havia acontecido. Que não se via como responsável pelo desacerto no tratamento – "De forma alguma", dizia ela.

Questionou se o requerente havia feito a higiene correta - como ela havia ensinado na ocasião -, e se utilizou a medicação pós-tratamento que lhe foi ministrada...

Diante disso, ele irritou-se profundamente, fazendo menção de se levantar e ir embora. Atenta a tudo isso, interferi, decidida a me valer de uma técnica muito útil nessas situações: o *caucus*[3].

Assim, pedi ao requerente que me acompanhasse até uma área

---

3   O termo caucus é também usado em mediação, negociação e em outros métodos alternativos de resolução de conflitos para descrever circunstâncias nas quais, no lugar de uma reunião em uma mesa comum, as partes em conflito se reúnem de forma apartada com o mediador ou simplesmente vão a um "quarto de desabafo" após o desgaste emocional decorrente da interação que ocorreu na área comum em que as partes se encontravam, in "ADR – How to Get Through Your First Mediation and What You Expect". www.cdc.gov.

mais isolada do Setor, para podermos conversar separadamente.

Quando sozinhos, pedi para que se acalmasse, para assim poder ouvir as explicações da requerida. Explanei que valeria a pena pensarmos um pouco no que ela havia dito, e a partir daí, buscarmos uma solução que fosse boa para as duas partes.

Ele se acalmou e concordou em "ouvir melhor".

Retornamos à sala, onde o deixei aguardando minha conversa particular com a requerida. Saímos eu e ela da sala, de modo a conversarmos com mais tranquilidade.

Após ouvi-la, sugeri que pensasse numa forma de atender aos pedidos do autor, mesmo que, para isso, precisasse ceder um pouco.

Quando retornamos à sala de audiência, eles me pareceram mais tranquilos. Pela primeira vez desde o início daquele encontro, ainda que rapidamente, eles conseguiram se olhar. Tratei de dar sequência nos trabalhos para que encontrássemos uma solução que atendesse a ambos.

A requerida pediu para falar. Reafirmou que não entendia a razão do problema da queda dos dentes, fato inédito em sua vida profissional. Mas, como o requerente já era um cliente antigo e que ela gostaria de continuar atendendo, propunha-se a refazer todo o trabalho, sem custo algum para ele. A única condição era de que fosse até seu consultório.

Pedi ao autor para que desse sua opinião a respeito dessa proposta. Ele aceitou, mas avisou que não tinha como ir até o consultório, pois estava trabalhando sozinho em seu restaurante – a esposa, adoentada, não poderia levá-lo para a consulta.

Surpreendentemente, a requerida se dispôs a ir buscá-lo e devolvê-lo no restaurante. E fez mais: disse que, para evitar quaisquer outros problemas futuros, se comprometia a levá-lo a uma avaliação no consultório de um colega especializado em implantes. Sem custo! Fez somente uma exigência: que ele realmente cuidasse da higiene do tratamento e tomasse as medicações pós-cirúrgicas que ela indicasse.

O homem ficou visivelmente emocionado, e comentou que era

o dia mais feliz de sua vida! Que teria seus dentes de novo!

Assim, tratei de lavrar o termo de acordo, registrando as responsabilidades de cada um. Para que não pairassem dúvidas, li o termo para eles, que não hesitaram em apor suas assinaturas.

Cumprimentamo-nos e eles saíram da sala.

Porém, em meu movimento de levar o termo para a escrevente, qual não foi minha surpresa ao vê-los atravessar o corredor do fórum, de braços dados, ele já aceitando a primeira carona dela para voltar ao restaurante.

"Uma segunda chance ..."

Claudia da Rocha Cruz Scalabrin

Esse conto de mediação é sobre a história de João e Maria que tiveram um relacionamento durante seis meses e dessa relação nasceu Esther que hoje está com três aninhos. João procurou a assistência jurídica em um fórum de São Paulo para regularizar as visitas da filha, segundo ele os dois nunca tiveram a oportunidade de resolver as pendências em relação a criação da Esther, ambos estavam achando ótimo a chance de tentar resolver o conflito. Vale lembrar que todos os nomes dessa história são fictícios.

João e Maria compareceram ao fórum para a primeira sessão de mediação, os dois aparentavam estar nervosos, principalmente João, muito ansioso, sem entender direito o objetivo daquela sessão, pois nunca tinha ouvido falar sobre a mediação, achando que estava indo para uma audiência com o juiz.

Após todas as explicações sobre a mediação, suas técnicas e princípios e com a adesão deles ao processo de mediação, foi dado voz as partes e todos puderam falar e expor seus objetivos e sentimentos de um em relação ao outro, bem como a preocupação com a filha. E a história que se segue conta um pouquinho da vida deles nessa fase, bem como se deu a resolução do conflito num acordo construído por eles.

João procurou o fórum para resolver as visitas da filha, ele conta que as visitas ocorriam de forma livre e a menina passava alguns finais de semana com ele em sua casa, que hoje divide com uma nova companheira. Mas que desde o final do ano Maria passou a dificultar as visitas.

Maria alegou no final do ano que Esther passou quatro dias na casa do pai, quando retornou tinha um hematoma na perna da filha que não soube explicar o que havia acontecido. Depois disso em um outro final de semana de dezembro, Esther foi novamente para a casa do pai e na madrugada de sábado João trouxe a filha de volta, alegando que a atual esposa teve um problema. Reclamou que João não cumpria os horários combinados entre eles na hora da devolução da menina. Ela alega que João evita discutir sobre qualquer assunto e portanto é difícil conversar com ele.

Foi dada a palavra novamente ao pai que se diz explosivo e por isso prefere não ficar discutindo, explicou que Esther caiu da escada por isso o hematoma na perna, e que nunca bateu na filha. Sobre a devolução da Esther na madrugada do outro final de semana, João alegou que não estava bem depois de uma discussão de família e preferiu devolvê-la para que ela não presenciasse as brigas. Uma característica da fala de João, é que às vezes ele fazia questão de explicar tudo de forma detalhada, para não ser mal interpretado, e se exaltava um pouco gesticulando e falando de forma impositiva, contou que Maria tem um filho mais velho de vinte e um anos de um outro relacionamento e que não aceitava a presença de João na casa da mãe.

Trabalhamos muito com eles a importância da escuta e da comunicação não violenta, explicando como podemos dizer as mesmas coisas de outra forma escolhendo as palavras para que o outro realmente escute o que está sendo dito e não ouvir somente para se defender sem assimilar o que o outro está tentado falar. As perguntas reflexivas que foram feitas pela equipe também fizeram eles verem os acontecimentos por um outro ângulo mais abrangente.

A primeira sessão terminou com os ânimos mais calmos e reagendamos a segunda sessão para um mês depois. A equipe toda sentiu que João tinha questões muito subjetivas em suas falas e decidimos que na próxima sessão iríamos atendê-los de forma privada, um por vez para que eles ficassem mais à vontade para falar e depois juntaríamos os dois.

O primeiro a ser ouvido individualmente na segunda sessão foi João, retomamos a história do ponto em que ele terminou a última sessão dizendo que o filho mais velho de Maria não aceitava ele na casa. E João começou a contar que havia ficado preso por dez anos e que talvez seja esse o motivo, disse que conheceu Maria depois que saiu da prisão e que se relacionaram por seis meses e depois que se separaram ficou sabendo por Maria que ela estava grávida.

Naquela sessão particular João se sentiu à vontade para contar um pouquinho da sua vida, como foi sua infância, sua relação com os pais e irmãos e como se deu a sua prisão. Começou falando que foi criado numa família tradicional com pai, mãe e mais três irmãos, sendo ele o mais velho. Relembrou que sempre tiveram uma criação amorosa em família e que seus pais passaram valores para os filhos, e que era muito apegado ao pai, seu melhor amigo, sua paixão. Quando João tinha dezoito anos o seu pai faleceu de infarto, foi um choque para todos e de repente ele se viu perdido, desprotegido, sobrecarregado e sem chão, pois como irmão mais velho, se sentia responsável por todos como se assumisse a função que antes era do pai, mas abalado psicologicamente por tamanha perda e sem tempo de poder processar aquilo, sofrer e viver aquele luto, sentia vontade de chorar e desabafar, mas segurava toda aquela dor para si, tentando ser fortaleza para a família, porém não tinha experiência de vida, acabara de se formar no ensino médio e nunca havia trabalhado, não tendo nenhuma experiência profissional.

João estava muito revoltado por tudo o que estava vivendo e pela perda irreparável, as coisas tinham mudado da noite pro dia e ele se viu na obrigação de ajudar a mãe, os irmãos estavam na escola ainda, as contas começaram a chegar e o desespero também, e ele sentia-se responsável em colaborar em casa.

Foi então que uns conhecidos lhe ofereceram um jeito de ganhar um dinheiro rápido, entregando droga para eles, o famoso "aviãozinho".

Sendo assim, João disse que foi fazer a tal entrega e já na primeira vez foi pego pela polícia com uma quantidade que configurava tráfico e foi preso por dez anos pelo crime de tráfico de drogas, outro choque que abalou ainda mais a família toda.

Relatou que se arrependeu e pôde pensar muito na prisão, então decidiu que para não enlouquecer e para tentar se manter o mais longe possível de tudo daquilo, que iria aprender um ofício lá dentro, já que era novo e nunca tinha trabalhado, assim sairia de lá com vinte oito anos e alguma experiência como ponto de partida para sua nova vida.

E João foi trabalhar na cozinha do presídio, não foi fácil, mas aprendeu a fazer de tudo e saiu de lá com experiência, depois de um tempo fora da prisão conseguiu emprego em um restaurante e continuava trabalhando, sempre pagou a pensão da filha em dia, tanto que não era esse o objeto da ação.

Cumpre salientar, que João tinha muita consciência de suas obrigações, tanto em relação a filha como com sua família de origem mãe e irmãos, o mais interessante nesta história era a gratidão que ele tinha a Deus por ter sido ele a passar tudo isso e não os seus irmãos, pois em sua fala ele se considerava mais forte psicologicamente e com a personalidade formada e muito centrado em um objetivo para quando saísse, pois ele dizia que se fosse os irmãos, não aguentariam passar por tudo o que ele passou lá dentro e conseguir sair com a cabeça boa sem se deixar contaminar com todas as más influências, não perdendo a esperança na vida, nas pessoas e na possibilidade de se reerguer e ressignificar a própria vida.

Ele diz que isso tudo que viveu serviu de exemplo para os irmãos, ele conversa muito com eles, orientando para que sigam um bom caminho. João tinha muita preocupação em fazer as coisas certas e de se fazer entender, não queria deixar dúvidas e era muito enfático em suas falas, como se pudesse ser questionado a qualquer momento.

Almejava criar a filha da melhor maneira possível, estando presente e se responsabilizando por sua criação e educação. O seu pedido era resolver o mal entendido com Maria, pois sempre tiveram bom relacionamento, apesar da presente situação e regularizar as visitas para poder criar a filha bem e em paz, sem atrito com Maria.

A clareza e a sinceridade com que João relatava as coisas emocionou toda a equipe de mediadores, tanto de campo que conversava diretamente com ele, como a equipe reflexiva que observava de longe toda a sessão, nos fazendo refletir sobre o pré-conceito que a grande maioria tem em relação a um ex presidiário e portanto a grande dificuldade de conseguir um emprego quando saem de lá, bem como o estigma que carregam de que todos saem pior do que entraram, por ser aquele lugar uma escola para o crime sem exceção, não havendo possibilidade de reabilitação e ressocialização. Pois os relatos dele referente a procura de emprego quando saiu da prisão foi exatamente sobre esse tipo de atitude e preconceito, a forma como as pessoas que se dirigiam a ele quando estava em busca de um trabalho digno para refazer a vida, até que esse dono de restaurante resolveu dar um voto de confiança para a partir disso ele começar a reconstruir sua história.

Chegou a vez da Maria e a chamamos para a conversa em particular, ela estava calma, uma mulher um pouco mais velha do que João, com experiência e vivência em relacionamentos anteriores, já com um filho mais velho de vinte e um anos, ela relatou que João era muito intenso em suas convicções e às vezes faltava um pouco de flexibilidade para resolver as coisas que aconteciam entre eles e a filha.

Contou que seu filho mais velho não queria o João lá na casa dela por saber que ele já havia sido preso e que isso remetia a um histórico ruim para conviver na casa, que era mais um extinto protetor dele com a mãe, que ela e João se relacionaram por pouco tempo e logo ela engravidou e quando descobriu eles não estavam mais juntos, então ele teve pouco tempo de convivência com o filho dela.

Lembrou que sempre teve um bom relacionamento com João, embora tenham ficado pouco tempo juntos, e que quando descobriu a gravidez contou para ele que nunca a questionou sobre nada e sempre assumiu sua função de pai.

Porém os desentendimentos começaram quando Esther voltou com um hematoma na perna e depois quando ele trouxe a menina de madrugada ela ficou preocupada, desde então passou a dificultar as visitas e que depois disso a relação ficou mais complicada e com pouco diálogo, o que levou João a procurar o fórum, mas que nunca teve nenhum problema com ele, embora tenha uma personalidade forte, as coisa corriam bem entre eles com relação a Esther. E deixou claro que o objetivo dela nunca foi prejudicar o João e que acredita ser importante a convivência da filha com o pai, pois sabe que isso faz muita falta na vida da criança e que tinha esse exemplo na casa dela, pois o pai do filho mais velho, nunca foi presente e isso fez muita falta para ele, pois acabou ficando um buraco na sua vida que ela faz o possível para suprir até hoje.

Juntamos os dois na sala novamente e oferecemos a eles que fizessem a Oficina de Pais e Filhos oferecida pelo fórum, bem como que passassem com a psicóloga do fórum para auxiliá-los em como reestabelecer uma relação harmoniosa, ajudá-los a superar traumas, dificuldades e emaranhados que eles traziam do passado para o relacionamento atual com a filha. Reagendamos a sessão para um mês e meio depois, demos a lição de casa que neste período que ainda não havíamos definido nada com relação a regulamentação de visitas, João poderia buscar a filha na escola uma vez por semana e jantar com ela e devolver para a mãe no mesmo dia para que o pai não ficasse tanto tempo sem ver a Esther e ela não sentisse a ausência do pai.

As partes retornaram para a terceira sessão mais tranquilos, começamos a conversar sobre o que assistiram na Oficina de Pais e Filhos e os dois disseram que se viram retratados nas histórias, gostaram muito da oportunidade de participar e disseram ter mais consciência da importância do papel deles como pais mesmo não vivendo juntos, que cada um tem um papel importante na vida da filha e ela necessita dos dois, o quanto devem ser mais pacientes um com o outro e que deveriam ficar atentos as necessidades da filha evitando brigarem na frente dela, pois as consequências podem inclusive influenciar nos relacionamentos dela na vida adulta.

Comentaram sobre os encontros com a psicóloga, primeiro atendimento foi com a família e depois tiveram atendimento individualizado. João conta que nunca teve isso e reconheceu a importância dessa experiência na vida dele, que pôde se abrir e falar o que sentia e que saiu do atendimento com a auto estima melhor, agradeceu muito a equipe por essa oportunidade.

Maria reafirmou as colocações de João e achou que a relação deles só melhorou depois do atendimento e que João está conseguindo conversar mais com ela sobre as questões da filha.

A equipe colocou a técnica do espelhamento para eles, onde a forma com que João se referia a Maria era a mesma com que ela retribuía ao falar com ele e a importância de se colocar no lugar do outro e da criança, exercendo a empatia. Percebemos o amadurecimento e a transformação que houve na relação deles e questionamos como eles se comportariam daqui para frente quando surgirem novos conflitos, lembrando que conflitos são oportunidades de crescimento e que usassem essa experiência como exemplo de como superar.

Finalizamos a sessão e o processo muito emocionados, com o respeito e admiração que foi construído e desenvolvidos entre eles, e com um acordo onde decidiram deixar as visitas do pai a filha de forma livre, sempre comunicando o outro antes de qualquer decisão.

Trecho da carta de agradecimento que João escreveu e entregou ao final:

"Gostaria de deixar meu comentário a respeito do trabalho de todos, que teve muito efeito e ainda está tendo em minha vida, a respeito de abrir minha mente sobre minhas atitudes e palavras erradas que eu usava no meu dia a dia. E gostaria de pedir que nunca deixem que esse trabalho tão importante se acabe, pois foi muito importante no meu caso e da minha filha, como para a minha vida também. Então deixo aqui meus votos e peço que continuem, se fez a diferença na minha vida poderá fazer também na de milhares de famílias que viverem essa experiência."

Este livro foi composto em Bookerly e
Minion Pro. Foi escrito e organizado
entre março e junho de 2020, durante a
quarentena da pandemia de covid-19.